Unterrichtsprojekte

Projekte im Deutschunterricht 5/6

erarbeitet von Doris Frintrop-Bechthold
unter Mitarbeit von Bruno Bechthold

herausgegeben von Johannes Diekhans

Best.-Nr. 22262 7

Verlag Ferdinand Schöningh

EINFACH DEUTSCH

Website
www.schoeningh.de

E-Mail
info@schoeningh.de

Gedruckt auf umweltfreundlichem, chlorfrei gebleichtem Papier mit 50 % Altpapieranteil.

Umschlaggestaltung: Peter und Veronika Wypior

Printed in Germany. Gesamtherstellung: Ferdinand Schöningh, Paderborn

Druck 5 4 3 2 1 Jahr 03 02 01 00 99

ISBN 3-506-22262-7

Dieses Werk folgt der reformierten Rechtschreibung und Zeichensetzung.

Inhaltsverzeichnis

Vorwort 4

Projekt: Wir und unsere Schule – Wir schreiben unser eigenes „Schulbuch" (Jahrgangsstufe 5) 5

Arbeitsblätter und Materialien 7

1. Erwartungen/Wünsche/Ängste 7
- Wie man einen Brief schreibt 8
- Wie man anschaulich erzählt 9
- Meine Traumschule 10

2. Unsere neue Schule: Daten und Zahlen – Wie man Informationen sammeln kann 11

3. Personen unserer Schule – Wir führen Interviews 13

4. Die Kinder unserer Klasse 15
- Eure neue Klassengemeinschaft 15
- Steckbriefe 16
- Kennenlernen 17
- Eigenschaften 18
- Welche Regeln sie sich gegeben haben 21

5. Unsere Lehrer und Lehrerinnen und ihre Fächer 22

6. Die Schülervertretung 24

7. Abschlussarbeiten 25

Projekt: Theater: Wer gruselt sich mit uns? – Wir laden ein zum „Gruseln" (Jahrgangsstufe 6) 26

Arbeitsblätter und Materialien 28

1. Florenz Tschinglbell 28
- Florenz Tschinglbell/Text 28
- Florenz Tschinglbell/Gruselgeschichten erzählen können 31
- Florenz Tschinglbell/als Theaterstück 32
- Florenz Tschinglbell/Bühnenbild/Requisiten 37

2. Der Bund der Drei T 38
- Der Bund der Drei T/Text 38
- Der Bund der Drei T/als Theaterstück 40

3. Das Bettelweib von Locarno 41
- Das Bettelweib von Locarno/Text 41
- Das Bettelweib von Locarno/Theaterstück 42

4. Gruselabend/Rahmenprogramm 43

5. Gruselabend/Dekoration 47

6. Gruselabend/Programmheft 50

Anhang 52

Text-/Bildquellenverzeichnis 58

Vorwort

Projektorientiertes Arbeiten ist eine Methode, die zum unmittelbaren Bestandteil moderner Unterrichtskonzeptionen geworden ist. Als Ergänzung zu eher traditionellen Verfahren der Vermittlung hat diese Methode inzwischen Einzug gehalten in die Richtlinien aller Fächer und wird dort z.T. als Unterrichtsvorhaben verlangt.

Der vorliegende Band greift diese Erfordernisse auf, indem für zwei Jahrgangsstufen der Sekundarstufe I je ein vollständig ausgearbeitetes Projekt vorgestellt wird. Zugunsten der Praxisausrichtung des Bandes und aufgrund einer vorausgesetzten Akzeptanz dieser Methode wird dabei auf eine ausführliche Definition des Begriffs und pädagogische Begründung des Projektgedankens verzichtet.

Projektorientiertes Arbeiten bedeutet im Verständnis der Verfasser:

- Ausgehend vom Fach Deutsch als Leitfach werden die Belange anderer Fächer in den Lernprozess integriert. Die Projekte sind im Wesentlichen so ausgearbeitet, dass sie von einem Lehrer/einer Lehrerin des Faches Deutsch realisiert werden können. Die Zusammenarbeit mit anderen Fachkollegen und Fachkolleginnen ist selbstverständlich erwünscht, z.T. werden eigene Arbeitsblätter für die Fächer Musik oder Kunst angeboten.
- Schülerinnen und Schüler organisieren ihren Lernprozess unter Mithilfe der Lehrperson weitgehend selbstständig. Das Material gibt zwar Lernwege vor, lässt gleichzeitig jedoch auch Freiräume für individuelle Entscheidungen.
- Die Arbeit der Lerngruppen ist ausgerichtet auf ein attraktives und im Rahmen einer Veranstaltung oder Ausstellung vorzeigbares Produkt.

Der vorliegende Band ist Teil eines insgesamt **dreibändigen Werks** mit folgenden thematischen Akzentuierungen:

Jgst. 5/6: Wir schreiben unser eigenes Schulbuch
Wir laden ein zum Gruseln

Jgst. 7/8: Ein „Handbuch“ zu J. C. George, *Julie von den Wölfen*
Wir laden ein zum Balladenabend

Jgst. 9/10: Wir starten eine „Werbekampagne“
„GegenGewalt“ – Ein Themenabend zu Rassismus und Gewalt mit ergänzender Ausstellung

Diese Aufteilung in drei Bände soll den unmittelbaren Einsatz der Materialien im Unterricht ermöglichen und dem Lehrer oder der Lehrerin die Handhabung erleichtern, indem mit Klassensätzen gearbeitet werden kann und aufwändiges Kopieren entfällt.

Jeder Band enthält im Anhang spezielle Anmerkungen für die Lehrpersonen (Lernzielbezüge, Hinweise zum Projektverlauf und gegebenenfalls inhaltliche Ergänzungen zu einzelnen Arbeitsvorschlägen).

Das dreibändige Werk unterstützt einen Unterricht, der projektartigen Charakter besitzt. Die Einzelbände enthalten jedoch auch für den Fachkollegen und die Fachkollegin, die sich eher an traditionellen Vermittlungsformen orientieren, eine Fülle von Anregungen und Materialien, um Unterricht schülergemäß, sachgerecht und attraktiv zu gestalten. Vielleicht motivieren sie auch dazu, sich an eine Unterrichtsform heranzuwagen, die zwar unmittelbarer Bestandteil moderner Didaktikkonzeptionen ist, in der Praxis jedoch erst sehr langsam Einzug in die Schule hält.

Projekt: Wir und unsere Schule

(Jahrgangsstufe 5)

Projekt „produkt“: **Wir schreiben unser eigenes „Schulbuch“!**

Lisa Heseker (5 d)

Liebe Schülerinnen und Schüler!

Was haltet ihr davon, selbst ein Buch zu schreiben – euer eigenes Schulbuch? Nicht eins für den Deutsch- oder Musikunterricht, sondern eins über eure neue Schule! Was in diesem Schulbuch alles stehen könnte, müsst ihr gemeinsam mit eurer Lehrerin/eurem Lehrer überlegen. Am besten ist, ihr entwerft zunächst ein Inhaltsverzeichnis. Für das Schreiben der einzelnen „Buchkapitel“ findet ihr im Folgenden verschiedene Arbeitsblätter mit Vorschlägen und Anregungen. Sie sind nach möglichen Themengebieten zusammengefasst. Damit „euer Buch“ auch schön aussieht, könnt ihr z.B. farbiges Papier verwenden oder mit Stiften arbeiten, die besonders schön schreiben/zeichnen; vielleicht können einige von euch auch schon mit einem Textverarbeitungsprogramm am PC schreiben, dann sieht euer Buch „wie gedruckt“ aus! Ihr könnt Bilder einkleben oder „einscannen“, selbst Bilder malen usw. Lasst einfach eure Fantasie spielen! Legt jede fertig gestellte Buchseite sorgfältig in eine gesonderte Mappe, damit sie nicht beschädigt oder verschmutzt wird.

Bevor ihr anfangt, müsst ihr festlegen – am besten mit eurer Lehrerin/eurem Lehrer –, welche Kinder der Klasse zusammenarbeiten wollen. Es sollten nicht mehr als vier Kinder in einer Gruppe sein! Manche Aufgaben kann man auch allein bearbeiten, bei anderen ist es günstiger, wenn man zu mehreren Personen ist (z.B. bei der Durchführung eines Interviews). Vieles muss auch zu Hause bearbeitet werden!

In welcher Reihenfolge ihr die Themenblöcke bearbeiten wollt, könnt ihr selbst bestimmen. Mit dem Themenblock **Erwartungen – Wünsche – Ängste** sollt ihr allerdings beginnen, zumal ihr für die erste Aufgabenbearbeitung die Hilfe eurer Lehrerin/eures Lehrers braucht. Überlegt, ob ihr nach einem halben/einem Jahr einen Erfahrungsbericht anfügt: „Haben sich die Erwartungen/Hoffnungen erfüllt? Was ist aus den Ängsten geworden?“
Vielleicht wollen einige mit dem Themenblock „Unsere Lehrer/Lehrerinnen“ weitermachen, andere beschäftigen sich lieber mit dem Block „Unsere neue Schule“. Wenn bei der Bearbeitung der einzelnen Arbeitsblätter „unlösbare Probleme“ entstehen, wendet euch an eure Lehrerin/euren Lehrer. Aber wirklich erst dann!!!

Und jetzt: Ran ans Werk und viel Spaß und Erfolg!

Arbeitsblatt 1/1

Erwartungen/Wünsche/Ängste

1. Teile ein DIN-A4-Blatt in drei gleiche Abschnitte ein und beginne diese mit folgenden Satzanfängen:

→ Durch den Schulwechsel wird sich Folgendes für mich verändern:

....

→ Ich wünsche mir, dass ....

→ Wovor ich etwas Angst habe: ....

Schreibe dazu so viel auf, wie dir einfällt, und gib dann dieses Blatt – ohne Namen – deiner Lehrerin/deinem Lehrer. Diese/dieser liest euch die Beiträge zu den jeweiligen Überschriften vor. Ihr könnt dann gemeinsam ein Gespräch darüber führen: *Gibt es Bemerkungen, die besonders häufig auftauchen? Wo mögen die Gründe dafür liegen?*
Macht euch bitte Notizen über das Gespräch, denn ihr sollt zu euren persönlichen Bemerkungen noch das allgemeine „Klassenbild" hinzufügen (ein neues Blatt – Einteilung wie oben), also z.B.:

→ Für meine Mitschüler/Mitschülerinnen sind die deutlichsten Veränderungen folgende: ....

→ Die meisten wünschen sich ....

→ Angst macht den meisten ....

Jetzt habt ihr die ersten zwei Blätter für euer Schulbuch schon fertig!

2. Du hast in den Sommerferien im Urlaub ein Mädchen/einen Jungen kennen gelernt, dem du versprochen hast, so schnell wie möglich von deinem ersten Schultag zu schreiben. Vielleicht interessiert sich auch deine Oma/dein Opa/deine Patentante dafür. Schreibe diesen Brief, in dem deutlich werden soll:

- mit welchen Gefühlen du zum ersten Mal zu deiner neuen Schule gegangen bist
- wie dieser erste Tag in der Schule „abgelaufen" ist
- mit welchen Empfindungen du nach Hause gegangen/gefahren bist.

Schreibe bitte in zweifacher Ausführung (vielleicht hast du auch Kopiermöglichkeiten): ein Exemplar zum Abschicken, ein Exemplar für das Schulbuch! Den Antwortbrief kannst du auch abheften.

Vergewissere dich anhand des folgenden Arbeitsblattes noch einmal, wie man einen Brief schreibt!

Erwartungen/Wünsche/Ängste

Du weißt sicher, wie man einen Brief schreibt! Stimmt's?

Briefkopf:

Achte auf das Komma zwischen Orts- und Zeitangabe und setze den Artikel richtig *(den).*

Dresden, den 22. Oktober 1998

Anrede:

Du kannst entweder ein Ausrufezeichen setzen und groß weiterschreiben oder ein Komma setzen und klein beginnen.

Liebe Tante Inge,
jetzt bin ich schon zwei Wochen auf der neuen Schule. ...

Anredepronomen (Anredefürwort):

Bei befreundeten oder vertrauten Personen („Liebe Daniela, ...“, „Liebe Patentante, ...“) verwendest du die Anredepronomen (Fürwörter) *du, dir, dich, dein und ihr, euch, euer* usw. Diese Pronomen schreibt man klein. Nur bei Personen, die du nicht duzt („Liebe Frau Weiß, ...“), benutzt du die Pronomen *Sie, Ihnen* und *Ihr, Ihre* usw. Diese Höflichkeitspronomen werden großgeschrieben.

Sicher willst du wissen, wie es mir geht. Deshalb möchte ich dir von meinen ersten Tagen hier erzählen.
...

Briefschluss:

Den Brief beendest du mit einer Grußformel, die auch in den Schlusssatz einbezogen werden kann. Die Grußformel und die Unterschrift stehen jeweils in einer eigenen Zeile. Am Ende setzt man keinen Punkt und auch kein Ausrufezeichen.

Mit lieben Grüßen
deine Sonja

Es grüßt dich herzlich
deine Sonja

Wie man anschaulich erzählt, weißt du sicher auch!

Bei einer schriftlichen Erzählung sollte man sich einen **Erzählplan** machen:

- Wie fange ich an? Was gehört in die Einleitung? Was muss der Leser oder die Leserin wissen?
- In welchen Erzählschritten führe ich langsam (Ansteigen der Spannung) zum Höhepunkt? Was passiert auf dem Höhepunkt? Wie stelle ich diesen interessanten Teil dar?
- Welchen Abschluss gebe ich meiner Erzählung?

Um die Leserin oder den Leser anzusprechen muss der Höhepunkt besonders spannend dargestellt sein. Dazu kann man z.B. wörtliche Rede benutzen und die Gedanken und Gefühle der Hauptpersonen darstellen.

Um eine Erzählung interessant/spannend zu machen sollte man ein **Hauptereignis in den Mittelpunkt** stellen. Es muss ausführlich und anschaulich dargestellt werden. Die Leserin oder der Leser muss den Eindruck haben, dass er/sie das Geschehen miterlebt. Deshalb:

- Vorgänge anschaulich darstellen,
- Personen in wörtlicher Rede sprechen lassen, ihre Gefühle darstellen, ihren Gesichtsausdruck und ihre Verhaltensweisen...,
- treffende Ausdrücke benutzen, im Ausdruck wechseln...

Für das Erzählen ist die **übliche Zeitform die Vergangenheitsform (Präteritum).** Den Höhepunkt des Geschehens kann man auch in der Gegenwartsform (Präsens) darstellen, weil dies unmittelbar und spannend wirkt. Dieses Mittel darf man aber nicht zu oft einsetzen.

Erwartungen/Wünsche/Ängste

1. Lies bitte folgendes Gedicht! Am besten ist, du trägst es laut vor; achte auf gute Betonung!

Franz Bauer

Die Schule im Schlaraffenland

Ist euch von der denn nichts bekannt?
Da geht es erst um elf Uhr an
mit gar bequemem Schlendrian.
Wer recht viel falsch geschrieben hat,
kriegt eine Tafel Schokolad,
und wer kein Wörtlein lesen kann,
erhält ein groß Stück Marzipan.
Wer wie ein Wilder rauft und tobt,
wird immerwährend nur gelobt
und als ein Muster hingestellt,
weil solch ein Bursche dort gefällt.
Und will der Lehrer etwas fragen,
so braucht man Antwort nur zu sagen,
wenn man bei guter Laune ist.
Als Bester gilt, wer viel vergisst
und in dem ganzen Unterricht
stets schläft und nie was Kluges spricht.

2. Was hältst du von einer solchen Schule? Ist die nicht „traumhaft"? Wie sieht deine „Traumschule" aus? – Du kannst sie auch zuerst zeichnen und dann beschreiben! Vielleicht kann man aber auch nicht alles zeichnen, was für dich zu einer Traumschule gehört.

Ann-Christin Streier (5 d)

3. Erfinde eine Schulgeschichte aus dem Jahre 2050. Überlege dabei auch, welche technischen Erfindungen die Schule zu einem „Zukunfts-Schlaraffenland" machen könnten.

Arbeitsblatt 2

Unsere neue Schule – Daten und Zahlen

1. Eure Schule sieht sicher ganz anders aus. Stellt sie vor! Ihr könnt
- ihre Lage auf einem Stadtplanausschnitt einzeichnen
- sie zeichnen
- die einzelnen Gebäude fotografieren und benennen
- einen Grundriss des Schulgeländes zeichnen (wo finde ich was?).

2. Seit wann gibt es die Schule? Wer hat sie gegründet? Wie kam sie zu ihrem Namen? Wie haben sich die Schülerzahlen/die Anzahl der Unterrichtenden im Laufe der Zeit entwickelt? Wie viele Schülerinnen und Schüler hat die gesamte Jahrgangsstufe 5? Wie hoch ist jeweils der Anteil von Jungen und Mädchen? Gibt es „Partnerschulen“, z.B. im Ausland? Gibt es besondere unterrichtliche Schwerpunkte, z.B. Musik, Sport, Sprachen usw.? Sicher fallen euch noch weitere interessante Fragen ein! Bei der Suche nach Antworten ist eine „Schulchronik“ oder eine „Schulschrift“ oft sehr ergiebig. (Es bietet sich auch eine Befragung der Schulleiterin/des Schulleiters an; zur Methode des Interviews siehe Themenblock 3.) Vielleicht habt ihr zum Schuleintritt sogar eine Informationsschrift über eure Schule erhalten? Sonst müsst ihr eure Schulleiterin/euren Schulleiter um eine „Schulschrift“ bitten. Und dann „geht's zunächst ans Lesen!!“ Für die Auswertung von Texten lies bitte folgende **Tipps**:

Wie man Informationen sammeln kann!

Wenn man Informationen aus Sachtexten zusammenfassen will, sollte man die wichtigsten Aussagen **unterstreichen.** Allerdings sollte man nicht zu viel unterstreichen, sonst findet man das Wichtige später nicht so schnell wieder. Die Informationen können am Textrand durch ein **Stichwort zusammengefasst** werden (z.B. „Schülerzahlen"). Abschließend werden die Informationen übersichtlich **geordnet abgeschrieben.** Die Ordnung hängt davon ab, zu welchen Fragen ihr Informationen finden konntet; also z.B.

- Gründung und Namensgeber der Schule
- Schülerzahlen/Lehrerzahlen
- Lageplan
- usw.

Beispiel aus einem Info-Blatt des Pelizaeus-Gymnasiums in Paderborn für die neu eintretenden Fünftklässler (von Acht-Klässlern angefertigt):

Hallo! Ihr habt euch für das Pelizaeus-Gymnasium entschieden? Nun, dann wollen wir euch unsere Schule vorstellen.

Gründerin

Unsere Schule heißt Pelizaeus-Gymnasium, weil sie 1859 von der Lehrerin Johanna Pelizaeus gegründet wurde.

Zahlen

1929 wurde daraus ein staatliches Gymnasium und seit 1974 besuchen Jungen und Mädchen die Schule. Wir sind z.Zt. ca. 1100 Schülerinnen und Schüler, die von ca. 90 Lehrerinnen und Lehrern unterrichtet werden. Die 36 Klassen der Jahrgangsstufen 5–10 sind alle nicht zu groß.

Lageplan

Damit ihr euch in der ersten Zeit besser orientieren könnt, haben wir euch hier einen Lageplan der Schulgebäude aufgezeichnet. Wir wollen ihn anhand einiger Fotos, die wir selbst geschossen haben, kurz erläutern.

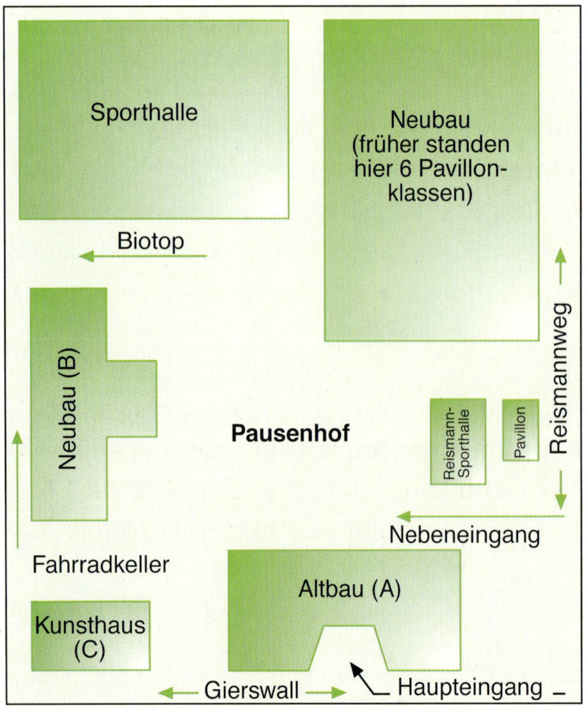

Im Hauptgebäude (dem „Altbau" aus rotem Backstein) befinden sich das Lehrerzimmer, das Sekretariat, die Zimmer des Schulleiters (Herrn Floren) und seines Stellvertreters (Herrn Steins), die Aula (ganz oben), die Fachräume für Musik, Erdkunde und Geschichte, ein Informatik-Raum sowie die Unterrichtsräume für die Kurse der Oberstufe und für die 9. und 10. Klassen.

Arbeitsblatt 3

Personen unserer Schule: Unser Schulleiter/unsere Schulleiterin, unser Hausmeister, das Sekretariat

In diesem Themenblock sollt ihr euch mit Personen beschäftigen, ohne die das Schulleben sicher nicht reibungslos verlaufen würde! Diese Personen sollt ihr zunächst einmal persönlich kennen lernen und den „Schulbuchlesern" dann vorstellen. Das Treffen mit den einzelnen Personen müsst ihr gut vorbereiten! Am besten kann man wohl in einem **Interview** gezielt Informationen über Personen erhalten.

Wir bereiten ein Interview vor!

Das Interview (engl.) bedeutet „Gespräch" oder „Befragung". Sicher habt ihr im Fernsehen schon häufig Interviews mit Sportlern, Politikern, Schauspielern und anderen bekannten Personen gesehen. Nun sollt ihr selbst ein Interview **vorbereiten, durchführen und nachbereiten;** von einem im Fernsehen gesendeten Interview unterscheidet sich eure Aufgabe in einem wesentlichen Punkt: Ihr müsst das Interview **schriftlich** dokumentieren also „lesbar" machen. Zu Planung, Durchführung und Nachbereitung einige **Tipps:**

Vorbereitung:

1. Wer soll befragt werden?
2. Was wollt ihr erfahren?
3. Aufschreiben der Fragen, die nach bestimmten Gesichtspunkten zu ordnen sind, z.B.
   - Persönliches (Geburtsdatum/Familie u.Ä.)
   - Berufliche Stationen
   - Konkrete Aufgaben an der Schule – Was macht Spaß/Freude? Was ist „stressig"/„nervig"?
   - (Der Schulleiter/die Schulleiterin kann auch noch offene Fragen zur zweiten Aufgabe des 2. Themenblocks beantworten.)
4. Wie sollen die Antworten festgehalten werden (Mitschrift/Tonband)?
5. Aufgabenverteilung in der „Interviewgruppe": Wer stellt die Fragen? Wer schreibt mit? Wer fotografiert? Wer ist für das Tonband zuständig?
6. Terminabsprachen (am besten mit Hilfe eurer Lehrerin/eures Lehrers)

Durchführung:

1. **Vor dem Gespräch:** Sind alle Unterlagen und technischen Geräte vorhanden?
2. Sind alle technischen Geräte funktionstüchtig? Prüfen!
3. **Auf zum Gespräch!** Freundliche Begrüßung der Interviewpartnerin/des Interviewpartners und Begründung des „Interviewzweckes".
4. In aller Ruhe die Fragen stellen! Den Interviewpartnern und -partnerinnen Zeit und Gelegenheit geben, auch etwas länger und ausführlicher zu erzählen. So erfährt man mehr als in einem strikten Frage-und-Antwort-Spiel!
5. **Nach dem Gespräch:** Überprüfen: Ist wirklich alles beantwortet? – Bedanken!

Nachbereitung:

1. Mitschriften miteinander vergleichen und ggf. aus dem Gedächtnis oder mithilfe einer Tonbandaufzeichnung ergänzen
2. Evtl. neu ordnen
3. „Reinschrift" anfertigen
4. Evtl. der Interviewpartnerin/dem Interviewpartner zur Kenntnisnahme und sachlichen Prüfung vorlegen
5. Evtl. Vorbemerkung/Abschlussbemerkung: Wie habt ihr die Interview-Situation empfunden? Hat alles geklappt?

Viel Spaß und viel Erfolg!

Die Kinder unserer Klasse

Hier geht es um euch und eure neue Klassengemeinschaft!

1. Stelle zunächst Informationen zusammen, über die du schon verfügst oder die du schnell – evtl. über den Klassenlehrer/die Klassenlehrerin – bekommen kannst:

   - Wie viele Jungen/wie viele Mädchen sind in deiner Klasse?
   - Wer kommt von welcher Grundschule?
   - Wen kennst du schon? Woher?
   - Anschriften/Telefonnummern (Achtung: Datenschutz! – Erlaubnis einholen!)

2. Jetzt geht es darum, dass du die **einzelnen Kinder deiner Klasse** besser kennen lernst. Dazu kannst du die Arbeitsblätter 4/2 – 4/5 heranziehen! Mit ihnen sollst du dich an deine Klassenkameraden und -kameradinnen wenden und sie darum bitten, diese entweder für dich auszufüllen oder dir beim Ausfüllen behilflich zu sein. Natürlich kannst du nicht zu allen gehen: Triff eine Auswahl, achte aber darauf, dass du Jungen und Mädchen etwa in gleicher Anzahl befragst. Je nachdem, wie viele Kinder du befragen willst, brauchst du eine entsprechende Anzahl von auszufüllenden Blättern. Damit die Kopierkosten nicht zu hoch werden, hat dein Lehrer/deine Lehrerin diese entweder schon auf eine Matrize übertragen und vervielfältigt sie für euch in der benötigten Anzahl oder du bereitest dir nach dem vorgegebenen Muster eine entsprechende Anzahl vor (selbst schreiben/malen/mit dem Computer schreiben und in mehrfacher Anzahl ausdrucken lassen u.a.m.). Die sehen sicher schöner aus als einfache Matrizenabzüge! **Über dich selbst** kannst du einen „Steckbrief" anfertigen und im Klassenraum aufhängen und so die anderen Kinder auf dich aufmerksam machen. Das klappt besonders gut, wenn du ihn auch besonders schön bzw. witzig gestaltest, z.B. mit Bildern, Zeichnungen oder besonders originellen Ideen!

Arbeitsblatt 4/2

Die Kinder unserer Klasse – Steckbriefe

Sicher kennt ihr alle die Bücher, in denen man Steckbriefe von Freunden und Klassenkameraden und -kameradinnen sammelt. Suche dir in der Klasse Kinder aus, die du besser kennen lernen möchtest, und bitte sie Angaben über sich zu machen.

Als z.B. Christian seinen Tischnachbarn Philipp befragt, erzählt der ihm Folgendes:

„**Mein bester Freund** ist Stefan, denn auf den ist auf jeden Fall Verlass und mit ihm kann ich mich am besten auf Klassenarbeiten vorbereiten; **meine beste Freundin** heißt Johanna; man kann sich prima mit ihr unterhalten und außerdem sieht sie toll aus! Samstags schaut sie häufig bei unseren Fußballspielen zu und drückt mir feste die Daumen, dass ich mein Tor sauber halte. Natürlich höre ich gern **Musik** und **meine Lieblingsgruppe** ist *Nirvana*, weil die Musik echt super ist! Mein **Lieblingssportler** ist Oliver Kahn; der ist genau wie ich Torwart und spielt bei meiner Lieblingsmannschaft Bayern München. **Ein weiteres Hobby** neben dem Fußballspielen ist das Sammeln von Kronkorken, das macht nicht jeder! Weil es so viele unterschiedliche Getränke gibt, habe ich schon eine große Sammlung zu Hause. Von jeder Reise bringe ich neue Korken mit und habe so schöne Andenken an verschiedene Urlaube. **Am liebsten allerdings fahre ich** nach Italien, dort ist es schön warm und ich kann mich jeden Tag ins blaue Meer stürzen! Außerdem schmeckt das Essen dort fantastisch, besonders die Pizza! In der Urlaubszeit muss ich **mein Liebslingstier** bei Nachbarn unterbringen. Mein Zwergkaninchen Blacky ist ganz kuschelig weich und hat eine wunderschöne Löwenmähne. In meiner neuen Schule gefällt es mir ganz gut und meine Klassenlehrerin, Frau Schmidtchen, ist auch **meine Lieblingslehrerin.** Sie hat viel Geduld mit uns und ist sehr freundlich; sie hat noch nie geschimpft. Herr Kaminski ist **mein Lieblingslehrer,** weil er ein echt cooler Typ ist und auch toll Fußball spielt! Im Moment habe ich nicht mehr so viel Zeit zu lesen wie früher. Aber noch immer stöbere ich gerne in **meinem Lieblingsbuch**, dem *Guiness-Buch der Rekorde*; dort kann man unglaublich interessante Dinge erfahren."

Christian hatte vor der Befragung ein „Steckbriefformular" entwickelt, in das er dann Philipps Antworten eingetragen hat. Wenn du diesen Text genau liest, fällt dir bestimmt auf, dass Christian von Philipp immer eine Begründung für seine Antworten haben wollte. Sicher kannst du dir denken, wie dieses Formular ausgesehen hat!

Entwickele nun selbst ein „Steckbriefformular"; lass genügend Platz für die Antworten, besonders aber für die Begründungen (..., weil ...)! Vielleicht hat dein Interviewpartner sogar noch ein Foto übrig! Du kannst den Steckbrief auch mit Zeichnungen verschönern!

Arbeitsblatt 4/3

Die Kinder unserer Klasse – Kennenlernen

Wie gut kennst du schon deine Mitschülerinnen und Mitschüler? Suche Kinder in deiner Klasse, auf die eine der folgenden Aussagen zutrifft, und vermerke dann jeweils ihre Namen auf der Linie.
Wenn du nicht alle Kinder „unterbringen“ kannst, lass dir etwas einfallen, was auf sie zutrifft! Vielleicht geben dir die besten Freundinnen oder Freunde einen wichtigen Tipp!

Eine „Leseratte“ ist ______

Den weitesten Schulweg hat ______

Die besten Witze erzählt ______

Spielt Klavier ______

Toll malen kann ______

Schwärmt für eine „Boy-Group“ ______

Jm Chor singt ______

Jn einer Fußballmannschaft spielt ______

Am besten rechnen kann ______

Die besten Diktate schreibt ______

Die Größte in der Klasse ist ______

Nicht in Deutschland geboren ist ______

Jn Amerika war ______

Ein Gedicht auswendig aufsagen kann ______

Mehr als zwei Schwestern hat ______

Kuchen backen kann ______

Manchmal zu spät zur Schule kommt ______

Kennt sich mit dem Computer aus ______

Einen Hund hat ______

Leidenschaftlich gern ins Kino geht ______

Ski fahren kann ______

Das Klassenbuch führt ______

Am besten vorlesen kann ______

Kommt auch bei Regen mit dem Fahrrad zur Schule ______

Arbeitsblatt 4/4

Die Kinder unserer Klasse – Eigenschaften

Suche eine Mitschülerin und einen Mitschüler, die bereit sind, so viel über sich selbst zu verraten (auf Nachfrage musst du dich auch „offenbaren").
Lege beiden folgende Liste von **Charaktereigenschaften** vor und bitte sie, die 10 Charaktereigenschaften einzukreisen, die am ehesten auf sie zutreffen! Jedes Kind wählt für sich eine **eigene Farbe** und schreibt seinen **Namen** oben auf das Blatt.

hilfsbereit
frech
stur
sparsam

beliebt
großzügig
sportlich
cool
stolz
ruhig

ehrgeizig
musikalisch
fantasievoll

ernst
jähzornig
ungeduldig
wild

freundlich
faul
vergesslich
lebhaft

fleißig
zuverlässig
ehrlich
zurückhaltend

mutig

ängstlich
stehe gern im Mittelpunkt
kann nicht verlieren

Arbeitsblatt 4/5

Die Kinder unserer Klasse – Freunde/Freundinnen

Hast du schon eine Freundin/einen Freund in der Klasse gefunden? Oder ist dir ein Kind besonders sympathisch?
Dann stelle uns doch dieses Kind vor! Wir wollen es kennen lernen! Du kannst einen „Steckbrief" verfassen, der uns nicht nur Namen, Adresse, Alter, Geburtsdatum, Geschwister, Eigenschaften, besondere Merkmale, Hobbys usw. verrät, sondern der uns auch Auskunft darüber gibt, warum du dieses Kind so besonders magst.

Die Kinder unserer Klasse – Porträts

Im Kunstunterricht könnt ihr auch Mitschüler und Mitschülerinnen porträtieren! Die entstandenen Porträts könnt ihr entweder zur Illustration eurer „interviewten" Kinder verwenden oder – wenn ihr größere Porträts anfertigt – zu einem großen Klassenbild (dazu gehört natürlich auch die Klassenlehrerin/der Klassenlehrer) zusammenfügen und damit das Klassenzimmer schmücken. Damit von allen Kindern ein Porträt vorhanden ist, müsste die **Aufgabe** lauten: Fertigt ein Porträt von eurem Gegenüber/von eurer Nachbarin/eurem Nachbarn an. Das Papierformat ist DIN-A3-Hochformat; verwendet werden dazu Deckfarben. Das Porträt soll „en face" dargestellt werden, also von vorn, und die gesamte Höhe des Blattes einnehmen. Denkt daran: Augen sind nicht bloß Punkte; die Nase hat eine Dimension, die man durch Schattierung darstellen kann; zu jedem Kopf gehören zwei Ohren! Eure Kunstlehrerin/euer Kunstlehrer gibt euch beim Ausmalen bestimmt Hilfen für die Farbmischung (z.B. „Gesichtsfarbe", Haarfarbe). Vielleicht könnt ihr im Kunstunterricht auch eure „Einbandseiten" für euer Schulbuch entwerfen?!

(Diese Anregungen verdanken wir Herrn Axel Welsch.)

Arbeitsblatt 4/7

Die Kinder unserer Klasse – Regeln

Habt ihr für euch in der Klasse vielleicht schon eine **Klassenordnung** festgelegt und **Klassenämter** (Klassensprecher/Klassensprecherin, Tafeldienst, Blumen, Klassenbuchführer u. Ä.) verteilt? Das geschieht normalerweise zusammen mit der Klassenlehrerin/dem Klassenlehrer. Wenn ja, kannst du die Klassenordnung und Ämterverteilung aufschreiben und damit eine weitere „Buchseite" entwerfen. Wenn das noch nicht geschehen ist, wartet ihr mit euren Eintragungen!

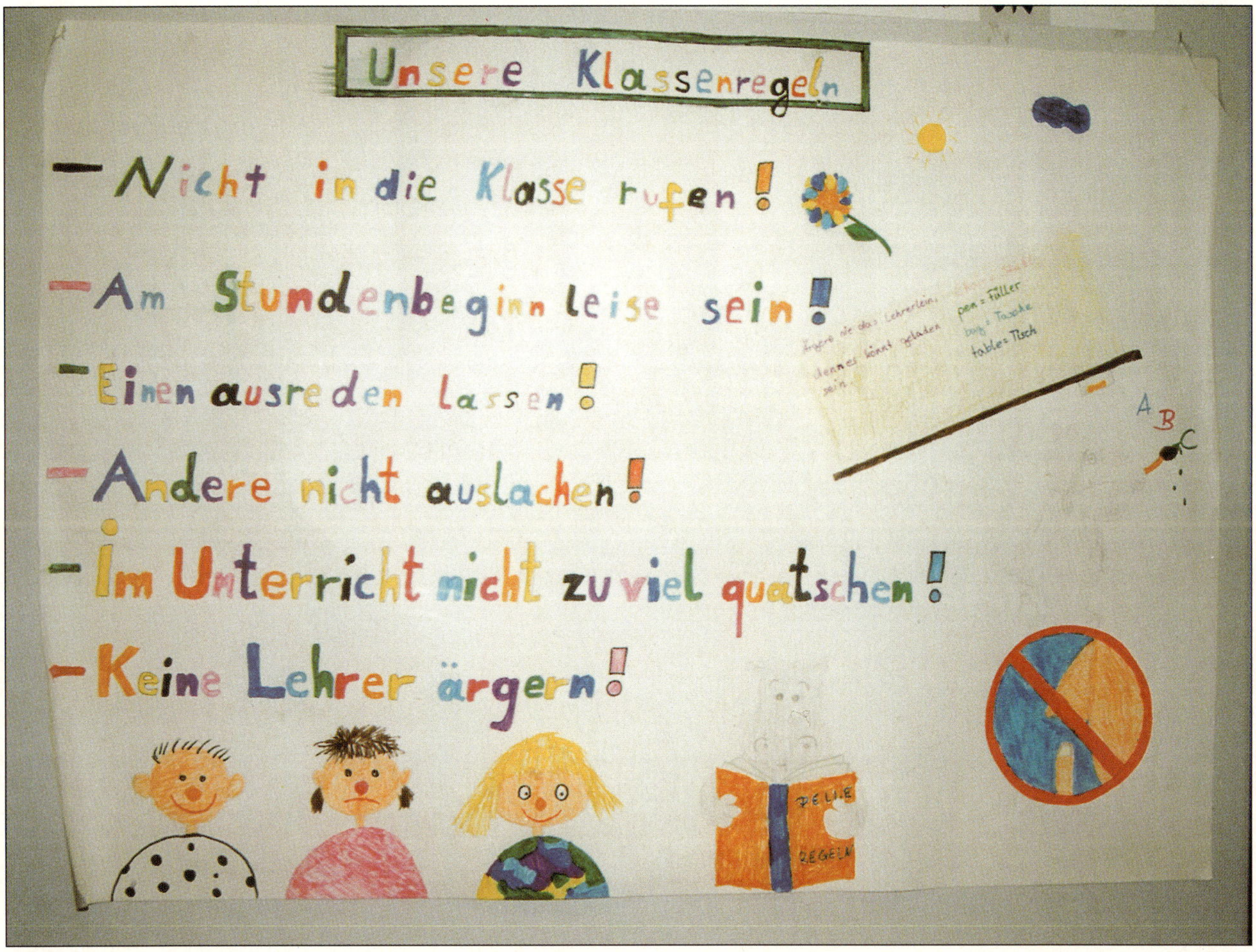

Arbeitsblatt 5/1

Unsere Lehrer und Lehrerinnen und ihre Fächer

Jetzt kümmert ihr euch um die Lehrer und Lehrerinnen eurer Klasse! Ihr sollt auch in Erfahrung bringen, was ihr bei ihnen in diesem Schuljahr lernen könnt. Vielleicht haben einige eurer Lehrkräfte auch „Sonderaufgaben“, z.B. Leiter oder Leiterin der Theater-AG, der Judo-AG, des Chores u.a.m.! Wer darf daran teilnehmen?

Erstellt anhand eures Stundenplanes eine „Lehrerliste“: Was habt ihr bei welchem Lehrer/welcher Lehrerin?

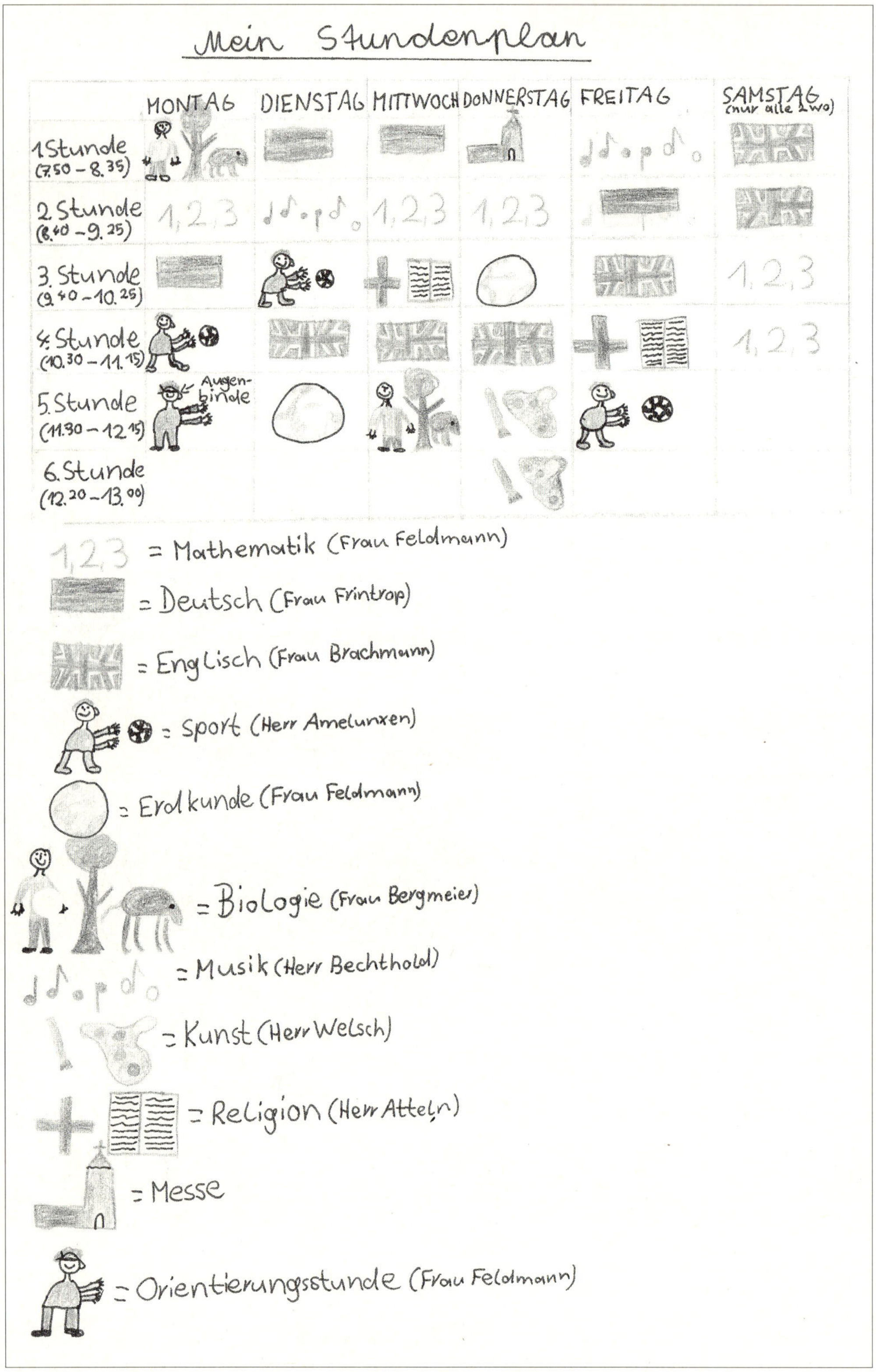

Julian Jochmaring

Unsere Lehrer und Lehrerinnen und ihre Fächer

Für eure weitere Arbeit machen wir euch folgenden Vorschlag:

Zunächst erzählt ihr den einzelnen Lehrpersonen von eurem Projekt – vielleicht hat das eure Deutschlehrerin/euer Deutschlehrer auch schon getan – und bittet sie dann, in einer ihrer Fachstunden euch – also der gesamten Klasse – für ein Interview zu ihrer Person und zu ihrem Fach zur Verfügung zu stehen. Dieser Termin muss allen Kindern bekannt sein, denn jedes Kind/jede Arbeitsgruppe muss ja das Interview vorbereitet haben (zum **„Interview"** siehe 3. Themenblock!). Der Lehrer/die Lehrerin möchte sich vielleicht auch auf dieses Interview vorbereiten und sich z.B. zum Unterricht in der Jgst. 5 vorher ein paar Notizen machen.
In der **„Interviewstunde"** laufen nun nicht alle Kinder/Arbeitsgruppen einzeln zu der Lehrerin/dem Lehrer, sondern die Lehrperson steht vor der Klasse und bittet um Fragen – das ist so eine Art **„Pressekonferenz"**, wie man sie manchmal auch im Fernsehen sehen kann (z.B. der Bundeskanzler, Boris Becker oder die Spice Girls stehen der Presse für Fragen zur Verfügung). Du/ihr passt nun auf, welche deiner/eurer Fragen von anderen Kindern gestellt und von der Lehrperson beantwortet werden. Keine auf deinem/eurem Notizblock vermerkte Frage darf unbeantwortet bleiben. Mach dir entsprechende Notizen! Vielleicht läuft ja auch ein Tonband mit?! Willst du Fotos machen? Bittet die Lehrperson um „Diktierhilfen/Tafelanschriebe", wenn sie euch etwas zu eurem gemeinsamen Unterricht im 5. Schuljahr erzählt.
Mit den gesammelten Informationen und dem Bildmaterial (Fotos/Zeichnungen) kannst du jetzt für die entsprechende Lehrperson einen „Steckbrief" anfertigen und sie somit vorstellen.
Und wieder ist eine „Buchseite" fertig!

Arbeitsblatt 6

Die Schülervertretung (SV)

So wie die Interessen der Arbeitnehmer in einem Betrieb von einem „Betriebsrat“, die Interessen der Lehrer in der Schule von einem „Lehrerrat“ vertreten werden, haben die Schüler einer Schule auch einen „Schülerrat“. Was sich dahinter verbirgt, also z.B.:

- Worum kümmert sich ein Schülerrat?
- Welche Interessen von Schülern können wem gegenüber vertreten werden?
- Wer ist Mitglied im Schülerrat?
- Wie kommt man in den Schülerrat?
- Welche Aufgaben hat der Schülerrat?

sollt ihr herausfinden!

Arbeitsvorschlag:

Findet zunächst heraus, wie der Schülersprecher/die Schülersprecherin eurer Schule heißt, und ladet ihn/sie mit dem Stellvertreter zu euch in eine „Klassenleiterstunde“ oder Deutschstunde ein. Bittet sie darum, euch **über die Schülervertretung (SV) zu informieren.** Weil ihr noch so wenig über die SV wisst, könnt ihr das Gespräch noch nicht so gut mit gezielten Fragen vorbereiten. Sagt ihnen, dass ihr Informationen benötigt

- über die Schülervertretung allgemein und
- über die Schülervertretung eurer Schule im Besonderen.

Sagt ihnen auch, dass ihr die Informationen in eurem „Schulbuch“ festhalten wollt, und bittet sie euch deshalb bei der schriftlichen Fixierung behilflich zu sein; vielleicht können sie auch Informationsmaterial zur Verfügung stellen. Am besten ist es wohl, wenn ihr euch darauf einigen könnt, dass entweder eine eurer Arbeitsgruppen oder euer Deutschlehrer/eure Deutschlehrerin bzw. Klassenlehrer/Klassenlehrerin das Einladungsgespräch führt und einen Termin ausmacht. Vielleicht wollt ihr danach auch Mitglied der SV werden!!!

Arbeitsblatt 7

Abschlussarbeiten

Jetzt ist die Arbeit bald geschafft! Folgendes muss noch erledigt werden:

- Entwerfen des „Bucheinbandes“ (vielleicht schon im Kunstunterricht passiert?!)
- Schreiben eines Inhaltsverzeichnisses
- Wie sollen die Seiten zusammengefügt werden?
- Im Schlussteil des Buches einige Seiten frei lassen für eine Bestandsaufnahme nach einem halben/einem Jahr: Haben sich die Erwartungen/Hoffnungen erfüllt? Was ist aus den „Ängsten geworden?

Möglichkeiten, ein Buch zu binden!

Projekt:

Theater: Wer gruselt sich mit uns? (Jahrgangsstufe 6)

Projekt „produkt“: **Wir laden ein zum „Gruseln“!**

Liebe Schülerinnen und Schüler!

Wer von euch liest nicht gern Gruselgeschichten? Viele von euch haben sicher deswegen auch besonders spannende und gruselige „Lieblingserzählungen“ zu Hause im Bücherschrank. Was haltet ihr davon, einmal für geladene Gäste einen **scheußlich-schaurigen Gruselabend** zu gestalten?

Ihr könnt Theater spielen, Gruselsongs singen oder schaurige Gedichte vortragen; und damit es auch richtig unheimlich aussieht, könnt ihr eine entsprechende Dekoration basteln und euch selbst in kleine Monster verwandeln.

Dazu findet ihr auf den folgenden Seiten Tipps, Ratschläge und Anregungen. Eine wesentliche Arbeit für euch liegt darin, „Regiebücher“ für Theaterstücke anzufertigen. Das hört sich zunächst vielleicht schwierig an, aber man kann das relativ schnell lernen. Ausgangspunkt für diese Arbeit sind Gruselgeschichten, die ihr zu „Theaterstücken“ umschreibt. Wie man das macht, wird euch Schritt für Schritt an einer Geschichte (Florenz Tschinglbell) gezeigt. Dann werden euch noch zwei weitere Erzählungen angeboten, die ihr jeweils für eine Theatergruppe umschreiben könnt; wenn euch aber andere Geschichten besser gefallen, könnt ihr euch natürlich auch für diese entscheiden.

Schön wäre es, wenn sich außerdem eine Gruppe bildet, die für diesen Abend ein „schauriges“ Programmheft erstellt. Auch dazu findet ihr auf den folgenden Seiten Anregungen.

Also – wie wär's? Traut ihr euch zu, so etwas „auf die Beine zu stellen“? Doch Vorsicht: Für die Gestaltung eines Gruselabends braucht man ein starkes Nervenkostüm und Durchhaltevermögen.

Christine Nöstlinger

Florenz Tschinglbell

Sisi und Sigi waren Geschwister.
Sie stritten jeden Tag und jeden zweiten Tag prügelten sie sich, wobei Sigi immer den Kürzeren zog, weil er nur boxte, Sisi aber zwickte und kratzte und biss und mit den Füßen trat.
Sisi und Sigi stritten nie wegen Kleinigkeiten. Dinge wie abstehende Ohren, kaputte Elektro-Autos, eingedrückte Puppenaugen, verbogene Heftdeckel, Hasenzähne und Dreckfinger störten weder Sisi noch Sigi. Sisi und Sigi stritten immer wegen der gleichen Sache. Sisi erzählte etwas.
Sigi behauptete, was Sisi da erzählte, sei gelogen. Sisi rief, nein, es sei die reine Wahrheit. Sigi schrie: „Nur ein Doppeldepp glaubt dir das!"
Sisi wurde dann so wütend, dass sie Sigi zwickte oder kratzte oder biss oder trat.
Und dann boxte Sigi.
Und dann kam die Mutter und drohte mit Ohrfeigen. Als ob im Kinderzimmer nicht schon genug herumgeprügelt wurde!
Nach den angedrohten Ohrfeigen vertrugen sich Sisi und Sigi wieder ein bisschen. Sie vertrugen sich so lange, bis Sisi wieder eine Geschichte erzählte, die Sigi nicht glaubte.
An dem Tag, von dem ich erzählen will, saßen Sisi und Sigi im Kinderzimmer und vertrugen sich ein bisschen.
„Weißt du was zum Spielen?", fragte Sigi.
„Blek Pita", sagte Sisi.
„Kenn ich nicht", sagte Sigi.
„Heißt Schwarzer Peter auf englisch", erklärte Sisi.
„Und warum", fragte Sigi, „warum sagst du das englisch?"
Sisi holte die Schwarze-Peter-Schachtel aus der Tischlade, drehte sie hin und her und sprach: „Ach, das habe ich mir so angewöhnt, von meiner Freundin, der Florenz Tschinglbell, die redet ja englisch!"
„Hör auf", rief Sigi, „hör sofort auf!"
Sigi hätte sich nämlich noch gern ein bisschen mit Sisi vertragen. Aber wenn Sisi mit Florenz Tschinglbell anfing, ging das leider nicht. Seit einer Woche hatte Sisi das. Seit einer Woche behauptete sie, eine Freundin zu haben, die Florenz Tschingbell hieß und Vampirzähne und Schuhnummer 50 hatte und lange meer-grün-blaue Haare, und einen Hund mit Reißzähnen namens Lin-Fu, der statt wauwau tschingtschang bellte, weil er ein großer gelber chinesischer Hund war. Sigi konnte nicht an diese Freundin glauben; noch dazu, wo sie im Kanal wohnte. Im Kanal beim Kino, über dessen Einstieg eine Litfaßsäule war.
Sigi rief also noch einmal: „Hör sofort auf!"
Doch Sisi hörte nicht. Sie öffnete die Kartenschachtel. „Schau her", sagte sie und zeigte auf die oberste Karte.
Sigi schaute hin. Er betrachtete die oberste Karte. Der Tower von London war darauf.
Sisi erklärte triumphierend: „Na! Wie käm' ich denn zum Tower von London, wenn ich nicht die Florenz Tschinglbell zur Freundin hätt', ha?"
„Du Kuh, du", brüllte Sigi, „für wie blöd hältst du mich denn? Weil du eine Karte von meinem Städtequartett zu deinen Schwarzen-Peter-Karten steckst, so glaub ich noch lang nicht an den Vampirzahnhund!"
„Er hat Reißzähne", sagte Sisi, „sie hat die Vampirzähne!"
Sigi gab keine Antwort. Er wollte sich nicht noch mehr aufregen.
Sisi holte eine Karte aus der Schachtel. Es war die Karte mit der Marienkäferfrau. Die Karte war auf der unteren Hälfte braun-grau und verbogen. Sisi schaute die Karte an und meinte verträumt: „Sigi, siehst du den Dreckfleck da? Da haben wir an der Litfaßsäule Blek-Pita gespielt und da ist mir die Karte in den Kanal gefallen."
Sigi bekam vor Wut fast keine Luft zum Atmen. „Die Karte", keuchte er, „ist dir am Sonntag ins Kaukau-Häferl gefallen!"
Sisi schüttelte den Kopf.
„Ich war doch dabei", keuchte Sigi weiter.
Sisi sagte: „Gar nicht wahr!" Und dann: „Das hast geträumt!"
Sigi boxte Sisi die Marienkäferkarte aus der Hand. Sisi biss Sigi in den Arm. Sigi boxte Sisi in den Bauch. Sisi kratzte Sigi quer übers Gesicht.
Der Vater kam ins Kinderzimmer und schrie: „Friede – Friede!"
Da Sisi und Sigi ziemlich wohlerzogene Kinder waren, hörten sie sofort zu kämpfen auf.

Sisi sagte: „Papa, er glaubt mir schon wieder nicht!“

Sigi sagte: „Papa, sie lügt schon wieder so!“

Der Vater war nicht einer, der von seinen Kindern nur die Namen und die Schuhgröße weiß. Der Vater kannte die Schwierigkeiten von Sigi und Sisi genau. Aber der Vater hatte einen anderen Nachteil. Er glaubte, alle Probleme auf der Welt seien mit ein bisschen Witz und Spaß und Humor zu lösen.

Der Vater zwinkerte also Sigi verschwörerisch zu und sagte grinsend zu Sisi: „Na, Sisilein, was glaubt er dir denn nicht?“

„Er glaubt mir die Tschinglbell nicht!“, klagte Sisi.

„Ich glaub dir die Tschinglbell!“, rief der Vater und zwinkerte wieder. Sigi blinzelte zurück und bat Sisi scheinheilig, ihm doch von der Tschinglbell zu erzählen.

Und Sisi erzählte. Von den meer-grün-blauen Haaren, von den sehr spitzen Vampirzähnen, von der Schuhnummer 50, von Lin-Fu und seinen Reißzähnen und seinem Tschingtschang-Gebell. Und vom Kanal unter der Litfaßsäule natürlich auch.

Den Vater freute das ungemein. Er war eben ein heiterer Mensch. Sigi flüsterte ihm zu: „Alles gelogen! In der Litfaßsäule ist eine Kiste mit Sand zum Streuen. Und den Schlüssel dazu hat der Straßenkehrer!“

„Vielleicht ist der Straßenkehrer der Vater von ihr?“, flüsterte der Vater zurück.

Der Vater hatte zu laut geflüstert. Sisi rief: „Sei nicht dumm! Der Straßenkehrer ist ein türkischer Gastarbeiter und die Florenz Tschinglbell ist Engländerin!“

„Redest du englisch mit ihr?“, fragte Sigi und blinzelte dem Vater zu. Der Vater zwinkerte zurück wie eine Blinklichtampel. Es war schön, dass er sich mit seinem Sohn so gut verstand.

Sisi meinte: „Die Florenz redet so englisch, dass man sie auch versteht, wenn man nicht englisch kann!“

„Aha, aha“, riefen Vater und Sohn Sigi im Chor. Sie verstanden sich immer besser.

„Lad' sie doch ein“, kicherte der Vater, „ich möcht' sie kennen lernen!“

Sisi wollte nicht. Sie sagte, das sei ganz unmöglich, weil Lin-Fu recht bissig sei und auch Florenz die Vampirzähne benutzte, wenn sie wütend wurde; und sie wurde ziemlich leicht wütend.

„Wir werden sie besuchen“, rief der Vater.

„Wir klopfen an die Litfaßsäule, bis sie aufmacht“, schrie Sigi.

„Sie macht nur auf“, sagte Sisi, „wenn man sich telefonisch anmeldet.“

„Sie hat Kanaltelefon?“ Der Vater grinste hinter der vorgehaltenen Hand und trat Sigi gegen das Schienbein, damit er zu kichern aufhörte.

„Keines mit Hörer und Wählscheibe“, verkündete Sisi, „nur so ein Loch in der Mauer, und da kommt meine Stimme heraus, wenn ich mich anmelde.“

„Und wo telefonierst du hinein?“, fragte der Vater.

Sisi wollte es nicht sagen. Erstens, weil es geheim war, und zweitens, weil es die Tschinglbell verboten hatte, und drittens, weil es angeblich auch gefährlich war.

Der Vater und Sigi schmeichelten: „Sisi, bitte, bitte, Sisi!“

„Na gut, ich sag' es“, seufzte Sisi, „am Klo! In die Klomuschel hinein!“

Sigi und Vater kreischten los wie die Affen. Sie sprangen im Zimmer herum und brüllten: „Durchs Klo, durchs Klo, sie telefoniert durchs Klo!“

Dann liefen sie zum Klo. Sigi zog die Spülung, und der Vater brüllte in die Muschel: „Hallo, hallo, hier Klo vom zweiten Stock! Florenz Tschinglbell, hörst du mich? Hier spricht der Vater von Sisi! Es ist dringend, dringend!“

„Hört auf“, sagte Sisi, „sie hält gerade ihren Mittagsschlaf!“

Dem Vater war das gleichgültig. Jetzt zog er die Spülung und Sigi brüllte in die Muschel.

Die Mutter kam aus dem Wohnzimmer und beschwerte sich.

„Plemplem“, rief sie, „das hört doch der Meier durchs Klo durch!“

Der Vater hörte mit dem Spülungziehen auf und Sigi mit dem Brüllen. Vor dem Meier hatten sie Angst. Der Meier klopfte immer mit dem Besen, wenn es laut wurde, und Briefe an die Hausverwaltung schrieb er auch.

„Wir haben nur Spaß gemacht“, entschuldigte sich der Vater.

„Heidenspaß!“, sagte Sigi.

Sisi lehnte an der Kinderzimmertür und biss an ihrem linken Daumennagel.

„Bist du böse?“, fragte der Vater.

Sisi schüttelte den Kopf.

„Nicht böse“, sagte sie leise, „aber ich habe Angst um euch!“

„Warum hast du Angst?“ Die Mutter verstand gar nichts.

„Ihre Zähne sind so scharf“, murmelte Sisi.

Auf einmal hörte man am Gang, vor der Wohnungstür, schwere, laute Schritte, die näher kamen, und ein grünblauer Meergeruch kroch durch das Schlüsselloch. Dann rüttelte es an der Wohnungstür, und eine Stimme, genauso kreischend wie eine Kreissäge, sagte: „Ju haben schreid for mi! Ei em hier! Open das Dor, ju lausige Bastards, ju!“

Sisi ging mit kleinen Schritten durchs Wohnzimmer, vorbei an ihrem Vater, vorbei an Sigi. Sie hatte in jedem Auge eine große Träne. Wenn der Vater auch ein bisschen zu witzig war und Sigi auch nie etwas glauben wollte; sie hatte die beiden doch sehr lieb gehabt.

Ich werde sie sehr vermissen, dachte Sisi und öffnete ihrer Freundin die Tür.

Florenz Tschinglbell/ Gruselgeschichten erzählen können

Gruselgeschichten erzählen – das ist eine Kunst!

In der 5. Klasse habt ihr schon gelernt, wie Erzählungen aufgebaut sein sollen und worauf es besonders ankommt! Lest euch zur Wiederholung noch einmal den folgenden Text durch und überprüft die Erzählung **Florenz Tschinglbell** daraufhin, ob
– sich die Autorin an die **„Erzählregeln"** gehalten hat. Wenn ja – wo; wenn nein – wo nicht?
– sie eine **„Gruselgeschichte"** geschrieben hat.
Belegt eure Meinung mit Hilfe von Textstellen. Lest zuvor die folgenden Hinweise.

Erzählen
Zum mündlichen Erzählen gibt es im Alltag viele Gelegenheiten. Oft teilt man dabei seinem Zuhörer ein Erlebnis mit, das einen stark beeindruckt hat, oder man erzählt etwas um seine Zuhörer zu unterhalten.
Auch beim schriftlichen Erzählen geht es darum, seinen Lesern ein Geschehen spannend und anschaulich darzustellen, die Figuren plastisch vor Augen treten zu lassen, Atmosphäre und Stimmung des Geschehens zu entfalten.
Beim Erzählen sind folgende Gesichtspunkte besonders wichtig:

1. Die Erzählung in **Einleitung, Hauptteil und Schluss** gliedern. Im Hauptteil kommt es darauf an, den Höhepunkt der Spannung darzustellen.
2. Mittel einer spannenden Erzählung beachten, z.B.:
   - das **äußere Geschehen** darstellen (Handlungsverlauf),
   - die **innere Handlung** darstellen (Gefühle, Gedanken, Vorstellungen der Personen; bei einer Gruselgeschichte zum Beispiel Angst, Entsetzen usw.),
   - besonders **anschauliche Formulierungen** wählen: z.B. *mir schlotterten die Knie, die Augen glühten* (treffende Verben); *fahles Mondlicht, feurige Augen* (anschauliche Adjektive); *wie von Geisterhand, wie ein wütendes Tier* (Vergleiche)
3. Ein Geschehen lässt sich aus unterschiedlicher Sicht **(Erzählperspektive)** erzählen:
   a) aus der Sicht einer Person, die alles miterlebt,
   b) aus der Sicht des allwissenden Erzählers, der alles weiß und überblickt.
4. Oft bezieht man sich beim Erzählen auf ein vergangenes Ereignis. Dabei kann man unterschiedliche **Tempusformen** gebrauchen:
   - Mit der Tempusform *Perfekt* bezieht man sich auf ein vergangenes Geschehen, an dem man noch stark beteiligt ist (Ich habe einen Film gesehen).
   - Mit der Tempusform *Präteritum* bezieht sich der Schreiber auf ein Geschehen, das für ihn schon abgeschlossen ist (Sie bereiste im letzten Jahr die USA).
   - Mit der Tempusform *Plusquamperfekt* kann man ein Geschehen kennzeichnen, das noch vor den Ereignissen liegt, die mit dem Präteritum angegeben werden (Mit dem Auto, das sie kürzlich gekauft hatte, machte sie eine große Fahrt).

In einer **Gruselgeschichte** geht es oft um Folgendes: Eine unerklärliche, unheimliche Macht greift in das alltägliche Geschehen des Menschen ein. Es kann sich dabei um Geister, Gespenster, Zauberer, unheimliche Tiere oder Ähnliches handeln. Die Wirkung von Gruselgeschichten geht oft davon aus, dass keine Erklärung oder Auflösung für das unerklärliche Geschehen gegeben wird.

Arbeitsblatt 3/1

Florenz Tschinglbell/ als Theaterstück

Zum Thema „Gruselgeschichten“ kann man auch gut ein **Theaterprojekt** durchführen. Wenn es euch gelingt,

- einzelne Geschichten zu einem **Theaterstück** umzuschreiben;
- **Schauspieler** zu finden, die sich so schnell vor nichts gruseln;
- passende **Kulissen** herzustellen und notwendige **Requisiten** zu besorgen (dabei sollte man viel Fantasie beweisen, bei den Zuschauern aber auch Fantasie voraussetzen);
- einen **Raum** zu beschaffen, der sich für eine Aufführung eignet (Bühne, Beleuchtung usw.);

dann könnt ihr es wagen, eure Eltern, Geschwister, Freundinnen und Freunde, Mitschüler, Lehrer u.a.m. zu einem **„Gruselabend“** einzuladen!

Wie wird aus einer Erzählung ein „Theaterstück“?

Das bedarf natürlich vieler Vorbereitungen, wobei die Umarbeitung von Erzählungen in eine **Spielvorlage** zunächst die erste Aufgabe sein muss. Dazu einige Tipps:
Ihr untersucht eure Textvorlage daraufhin, welche Informationen sie euch für ein Theaterstück schon selbst gibt, z.B. **Hinweise auf**

1. **die Personen**
   - die **Dialoge** (Gespräche zwischen zwei oder mehreren Personen) und **Monologe** (Selbstgespräche), die sie führen
   - die **Art und Weise,** wie sie sprechen
   - ihre **Gestik und Mimik**
   - ihre **„Handlungen“** auf der Bühne
2. **die Kulissen**
3. **die Requisiten**

Ihr könnt folgendermaßen verfahren:
zu 1: Für jede **Person** wählt ihr eine **„eigene“** Farbe und nehmt im Text zunächst folgende Kennzeichnungen vor:

Person:	**z.B. Sisi**
Was sie sagt:	**z.B. „Hör sofort auf!“**
Wie sie etwas sagt:	**z.B. brüllte sie**
Was sie tut:	**z.B. sie stand auf**

Auf dem folgenden Arbeitsblatt ist dieses Verfahren auf einen Teil der Erzählung „Florenz Tschinglbell“ beispielhaft angewendet worden. Seht es euch an, versucht die Kennzeichnung nachzuvollziehen und bearbeitet nun die gesamte Geschichte auf diese Weise.

Florenz Tschinglbell/ als Theaterstück

[...]

An dem Tag, von dem ich erzählen will, saßen Sisi und Sigi im Kinderzimmer und vertrugen sich ein bisschen.

„Weißt du was zum Spielen?", fragte Sigi.

„Blek Pita", sagte Sisi.

„Kenn ich nicht", sagte Sigi.

„Heißt Schwarzer Peter auf englisch", erklärte Sisi.

„Und warum", fragte Sigi, „warum sagst du das englisch?"

Sisi holte die Schwarze-Peter-Schachtel aus der Tischlade, drehte sie hin und her und sprach: „Ach, das habe ich mir so angewöhnt, von meiner Freundin, der Florenz Tschinglbell, die redet ja englisch!"

„Hör auf", rief Sigi, „hör sofort auf!"

Sigi hätte sich nämlich noch gern ein bisschen mit Sisi vertragen. Aber wenn Sisi mit Florenz Tschinglbell anfing, ging das leider nicht. Seit einer Woche hatte Sisi das. Seit einer Woche behauptete sie, eine Freundin zu haben, die Florenz Tschinglbell hieß und Vampirzähne und Schuhnummer 50 hatte und lange meer-grün-blaue Haare, und einen Hund mit Reißzähnen namens Lin-Fu, der statt wau-wau tschingtschang bellte, weil er ein großer gelber chinesischer Hund war. Sigi konnte nicht an diese Freundin glauben; noch dazu, wo sie im Kanal wohnte. Im Kanal beim Kino, über dessen Einstieg eine Litfaßsäule war.

Sigis Gedanken

Sigi rief also noch einmal: „Hör sofort auf!"

Doch Sisi hörte nicht. Sie öffnete die Kartenschachtel. „Schau her", sagte sie und zeigte auf die oberste Karte.

Sigi schaute hin. Er betrachtete die oberste Karte. Der Tower von London war darauf.

Sisi erklärte triumphierend: „Na! Wie käm' ich denn zum Tower von London, wenn ich nicht die Florenz Tschinglbell zur Freundin hätt', ha?"

„Du Kuh, du", brüllte Sigi, „für wie blöd hältst du mich denn? Weil du eine Karte von meinem Städtequartett zu deinen Schwarzen-Peter-Karten steckst, so glaub ich noch lang nicht an den Vampirzahnhund!"

„Er hat Reißzähne", sagte Sisi, „sie hat die Vampirzähne!"

Sigi gab keine Antwort. Er wollte sich nicht noch mehr aufregen.

Arbeitsblatt 3/3

Florenz Tschinglbell/ als Theaterstück

Wenn ihr die Geschichte so wie vorgeschlagen bearbeitet habt, könnt ihr euch daran machen, ein **Regiebuch** zu schreiben. Vielleicht habt ihr schon einmal Textvorlagen für ein Theaterstück in der Hand gehabt, möglicherweise sind sogar einige in eurem „Deutschbuch" abgedruckt.
Wichtig ist, dass ihr den Erzähltext in Abschnitte oder – wie die Theaterleute sagen – in **Szenen** einteilt. Es erfolgt immer dann ein **Szenenwechsel,** wenn weitere Personen auftreten, „vorhandene" abtreten oder die Kulissen sich ändern müssen.
Das könnte eine **Szenenfolge** für „unsere" Gruselgeschichte sein:

Szene 1:	Zeile	1 – 26
Szene 2:	Zeile	27 – 95
Szene 3:	Zeile	96 – 179
Szene 4:	Zeile	180 – 189
Szene 5:	Zeile	190 – 220
Szene 6:	Zeile	221 – 229

Das **Regiebuch** für die **2. Szene** könnte so aussehen:

*Personen: **Sigi** und **Sisi** (friedlich im Kinderzimmer auf dem Fußboden sitzend)*

Sigi: Weißt du was zum Spielen?

Sisi: Blek Pita!

Sigi: Kenn' ich nicht!

Sisi *(erklärend)*: Heißt Schwarzer Peter auf englisch, verstehst du?

Sigi: Und warum sagst du das englisch?

Sisi *(steht auf und geht zum Schreibtisch, die Schwarze-Peter-Schachtel aus der Tischlade holend und sie hin- und herdrehend):*
Ach, das habe ich mir so angewöhnt, von meiner Freundin, der Florenz Tschinglbell, die redet ja englisch!

Sigi *(laut rufend)*: Hör auf, hör sofort auf!

Jetzt folgt eine Textstelle (Z. 43 – 57), die die Gedanken Sigis wiedergibt. Er sagt sie also nicht laut, sie sind aber dennoch für den Zuschauer zum Verständnis seiner Erregung sehr wichtig. Deshalb müssen sie im Regiebuch „irgendwie" auftauchen. Man könnte einen **Erzähler** „einbauen", der diese Gedanken wiedergibt; aber das würde den Spielfluss sehr stören und ist an dieser Stelle gar nicht nötig! Wir lassen Sigi seine Gedanken einfach laut schreien **(Monolog).** Der Text könnte etwa so lauten:

Arbeitsblatt 3/4

Florenz Tschinglbell/ als Theaterstück

Textstelle in der Erzählung

Sigi hätte sich nämlich noch gern ein bisschen mit Sisi vertragen. Aber wenn Sisi mit Florenz Tschinglbell anfing, ging das leider nicht. Seit einer Woche hatte Sisi das. Seit einer Woche behauptete sie, eine Freundin zu haben, die Florenz Tschinglbell hieß und Vampirzähne und Schuhnummer 50 hatte und lange meer-grün-blaue Haare, und einen Hund mit Reißzähnen namens Lin-Fu, der statt wauwau tschingtschang bellte, weil er ein großer gelber chinesischer Hund war. Sigi konnte nicht an diese Freundin glauben; noch dazu, wo sie im Kanal wohnte. Im Kanal beim Kino, über dessen Einstieg eine Litfaßsäule war.
Sigi rief also noch einmal: „Hör sofort auf!"

Regiebuch

Sigi *(erregt)*:
Wenn du unbedingt Streit willst, musst du nur mit Florenz Tschinglbell anfangen. Seit einer Woche behauptest du, diese Florenz Tschinglbell als Freundin zu haben, eine Freundin mit Vampirzähnen und Schuhnummer 50, mit langen meer-grün-blauen Haaren und einem Hund mit Reißzähnen namens Lin-Fu, der statt wau-wau tsching-tschang bellt, weil er ein chinesischer Hund ist. Du spinnst doch wohl! Und im Kanal soll sie wohnen! Im Kanal beim Kino! Und durch die Litfaßsäule, die über seinem Eingang steht, soll der Einstieg sein! Du bist doch nicht mehr ganz dicht! Da kann man doch verrückt werden, wenn man das hört! Also ich sage dir ein für alle Mal: Hör endlich auf damit!

Sisi *(seinen Wutausbruch nicht beachtend, die Kartenschachtel öffnend und die oberste Karte zeigend):* Schau her!

Sigi *(die Karte betrachtend, aber unwillig):* Da ist der Tower von London drauf!

Sisi *(triumphierend):* Na! Wie käm' ich denn zum Tower von London, wenn ich nicht die Florenz Tschinglbell zur Freundin hätt', ha?

Sigi *(brüllend):* Du Kuh, du! Für wie blöd hältst du mich denn? Weil du eine Karte von meinem Städtequartett zu deinen Schwarzen-Peter-Karten steckst, glaub ich noch lang nicht an den Vampirzahnhund!

Sisi: Er hat Reißzähne, sie hat die Vampirzähne! (*Sisi holt eine Karte mit der Marienkäferfrau aus der Schachtel. Sie sieht sehr verdreckt aus.*)

Sisi *(verträumt):* Sigi, siehst du den Dreckfleck da? Da haben wir in der Litfaßsäule Blek-Pita gespielt und da ist mir die Karte in den Kanal gefallen.

Sigi *(atemlos vor Wut, keuchend):* Die Karte ist dir am Sonntag in deine Kakao-Tasse gefallen! Ich hab's genau gesehen! Ich war dabei!

Sisi *(den Kopf schüttelnd):* Gar nicht wahr! Dann hast du geträumt!

Sigi: *(fast außer sich):* Ich fass' es nicht!
Und schon beginnt zwischen beiden ein wilder Boxkampf!

Florenz Tschinglbell/ als Theaterstück

Wir haben nicht ohne Grund mit dem Regiebuch für die **2. Szene** begonnen.
Szene 1 umfasst die Zeilen 1 – 29, in denen die beiden Hauptdarsteller vorgestellt werden: Sisi und Sigi. Es erfolgt also eine **Einleitung** in die Geschichte.
Sollen/müssen die Zuschauer das erfahren? Wie könnte man das auf der Bühne darstellen?
Warum kann man das nicht z.B. so darstellen, dass sich Sigi und Sisi auf der Bühne einfach nur streiten?
Wir schlagen euch vor, diese Szene mithilfe eines Erzählers auf der Bühne zu gestalten! Entwerft dazu den Text.

Arbeitsblatt 3/6

Florenz Tschinglbell/ Bühnenbild/Requisiten

Jetzt müssen noch das Bühnenbild (evtl. mit Beleuchtung) und die Requisiten / Kostüme festgelegt werden. Lest daraufhin noch einmal den Text und tragt eure Entscheidungen in folgendes Übersichtsblatt ein! (Wenn ihr zuwenig Platz habt, klebt entweder zwei DIN A4-Blätter untereinander oder legt für jede Szene eine Übersicht an!)

	Bühnenbild/ Beleuchtung/Musik	Requisiten/Kostüme
Szene 1		
Szene 2	Kinderzimmer: Bett, Schreibtisch, Regal; Zimmer hell ausgeleuchtet; Musik: keine	Schwarzer-Peter-Spiel; Karte mit „Tower von London“ und eine mit „Marienkäferfrau“; Spielzeug; Poster u.a.m.
Szene 3		
Szene 4		
Szene 5		
Szene 6		

Arbeitsblatt 4

Der Bund der Drei T/Text

Ogden Nash

Der Bund der Drei T

Viktoria, die neue Schülerin im Internat der Fräulein Mallison, war ein reizendes Mädchen – wirklich jammerschade, dass aus ihr niemals eine reizende junge Dame wurde. Vielleicht wäre sie eine geworden, hätten ihre Eltern sie nicht in das Internat gebracht oder hätte das Internat wenigstens nicht in der Nähe des alten verfallenen Schlachthauses gelegen.

Viktoria war eine gute Sportlerin. Was die Schulaufgaben betraf, war sie weniger gut. Ihr Mund war groß genug, um die hässlichen Mädchen nicht eifersüchtig zu machen, aber sie hatte so große lebhafte Augen, dass man sie zu den hübschen Mädchen zählte. Sie konnte über den Tod eines Pferdes in einer Geschichte weinen, ertrug es aber gelassen, als irgendeine Tante im Spital starb. Sie aß lieber zwischen den Mahlzeiten, als zu den Mahlzeiten. Wenn sie etwas brauchte, bekamen ihre Eltern pünktlich in der Woche einen Brief. Sie wollte eine ordentliche und brave Schülerin sein, aber irgendwie gelang ihr das nie.

Kurz und gut, Viktoria war eine ideale Anwärterin für den Bund der Drei T, dieser nächtlichen Schwesternschaft, die wie die Königin der Nacht nach Einbruch der Dunkelheit erblühte, unaufgespürt von den scharfen Augen der beiden Fräulein Mallison.

Der Bund der Drei T hätte Viktoria gern in seine Reihen aufgenommen, und Viktoria selber wünschte es sich aus ganzem Herzen. Das einzige Hindernis lag in den Drei T! Denn keiner durfte Mitglied werden, der nicht eine *tapfere, tollkühne* und *tödliche* niemals-zuvor-gewagte Tat vollbracht hatte. Viktoria war zuständig für tapfere Taten, unübertroffen in tollkühnen, aber wie sollte sie zu einem niemals zuvor gewagten Bravourstück kommen?

Die Taten der anderen Mitglieder konnten sich sehen lassen. Amanda war im Winter voll bekleidet in einen eisigkalten Bach gesprungen. Miranda war im Nachthemd aufs Dach geklettert und hatte in den Rauchfang, der zum offenen Kamin der Fräulein Mallison führte, eine Blindschleiche fallen lassen. Amalia hatte mit verbundenen Augen kalte Spagetti gegessen und geglaubt, es seien Würmer, und Cordelia hatte mit verbundenen Augen Würmer gegessen und gedacht, es seien kalte Spagetti.

Es war Amanda, die bei der nächsten Sitzung des Bundes den Namen Elisa Katzenpfot aussprach, während sie sich die klebrigen Finger an ihrem Schlafrock abwischte.

„Wer war Elisa Katzenpfot?", fragte Miranda und strich Honig auf ihren Kuchen.

„Eine Hexe", sagte Amanda.

„Sie wurde verbrannt", sagte Amalia.

„Aufgehängt!", verbesserte Cordelia.

„Und natürlich wurde sie nicht im Friedhof begraben, sondern in der Wiese hinter dem alten Schlachthaus", fuhr Amanda fort.

„Der Grabstein ist noch immer dort", sagte Amalia.

„Verflixt, gibt es keinen Kuchen mehr? Macht nichts, ich werde mich eben an den Bonbons stärken."

„Auf dem Grabstein steht eine Inschrift", sagte Cordelia, die ausnahmsweise nicht hungrig war. „Tagsüber kann man sie aber nicht lesen, nur in einer Vollmondnacht."

„Mmm, ich wusste schon nicht mehr, wie gut Johannisbeergelee schmeckt!", erklärte Amanda. „Die Drei T müssen Viktoria von Elisa Katzenpfot erzählen!"

Spät am nächsten Abend nahm Viktoria ihre Feder in die Hand.

„Lieber Vater, liebe Mutter", schrieb sie, „ich hoffe, ihr seid gesund. Ich bin gut in Arithmetik, aber Fräulein Hattie ist sehr ungerecht, was meine irregulären französischen Verben betrifft. In Grammatik bin ich ausgezeichnet, nur hackt Fräulein Mettie immer auf mir herum. Lieber Vater, die anderen Väter schicken jede Woche einen Dollar. Ich hätte noch viel zu erzählen, aber die Glocke läutet zum Abendessen.

Herzliche Grüße von eurer
euch liebenden Tochter Viktoria."

In genau zehn Minuten würde sich die Tür einen Spalt öffnen, Fräulein Hattie Mallison würde zum Bett hinsehen und murmeln: „Gute Nacht, Viktoria! Angenehme Träume!" Viktoria brauchte genau sieben Minuten, um aus einem Besen, dem Nachthemd und einigen Kissen eine Puppe zu basteln, die statt ihrer im Bett liegen sollte. Als sie sich vom Fenster zum Erdboden hinunterließ, hörte sie, wie die Tür geöffnet wurde, sie hörte Hatties Murmeln und wie die Tür sich wieder schloss. Der volle Mond stieg am Himmel empor. Viktoria hüpfte und hopste, wie betrunken vom Mondschein, geradewegs auf das alte Schlachthaus zu. Nur ihr langer Mondschatten begleitete sie – dieser Schatten einer Viktoria, die kein Fräulein Mallison auf dieser Welt einsperren und behüten konnte. Was für ein guter Gefährte mein Schatten ist, dachte Viktoria. Sie atmete tief ein, reckte die Arme hoch und ihr Schatten atmete wie sie und warf krumme Schattenarme auf die Mauern und auf das schiefe Dach des Schlachthauses. Nichts regte sich auf der Wiese, die selbst die Tiere mieden. Viktoria kämpfte sich durch Disteln und Kletten.

Der Mond stieg immer höher, sein Licht verstärkte sich und mit jedem mutigen Schritt wuchs ihr Schatten.

Wo das Unkraut am dichtesten wucherte, kam sie zum Grabstein, gerade rechtzeitig, bevor ihre Treue zum Bund der Drei T zu wanken begann. Wie grausig bleich das Mondlicht war! Viktoria lehnte sich an den verwitterten Stein, vielleicht weil sie Atem schöpfen musste, vielleicht weil sie auf einem Bein stand und Kletten herunterzupfte. Als ein Beben durch den Stein lief, als er hinter ihr zu schwanken schien, dachte sie daran, warum sie hergekommen war. Bei Vollmond um Mitternacht musste sie sich der Schwesternschaft würdig erweisen.

Sie wandte sich zögernd um und las dann entschlossen die Zeilen der Inschrift, die sich deutlich vom regenverwaschenen und moosbewachsenen Stein abhoben:

Hier liegt,
Elisa Katzenpfot.
Wer diesen Stein berührt,
bei Mondenschein um Mitternacht,
wird leben
nicht länger,
als sein Schatten lebt.

Die paar Zeilen waren schnell auswendig gelernt, die Aufnahmeprüfung in den Bund der Drei T war glorreich bestanden. Lieber Himmel, ist das alles?, dachte Viktoria und trat den Heimweg an.

Jeder wird verstehen, dass sie sich beeilte, und niemanden darf es daher wundern, dass sie ihren Schatten nicht vermisste. Hinter ihrem Rücken stand der Mond hell am Himmel. Wer weiß, warum sie nicht daran dachte, dass ihr Schatten vor ihr hätte herwandern sollen.

Aber es war kein Schatten mehr da, er war kleiner und kleiner geworden, als schrumpfte Viktoria selber ein. Oder verdeckte eine Wolke den Mond? Viktoria vermisste ihren Schatten nicht, noch hörte oder sah sie, was da raschelte und an ihr vorbeihuschte und ihr voranhuschte.

Hoffentlich ist meine schöne Puppe noch da, dachte Viktoria, als sie durchs Fenster kletterte. Hoffentlich ist Fräulein Hattie nicht etwa auf den Gedanken gekommen, mich wach zu rütteln.

Sie schlich auf Zehenspitzen durchs dunkle Zimmer an ihr Bett und wollte den verkleideten Besenstiel wegnehmen. Als sie sich aber niederbeugte, da war der Besenstil nicht länger ein Besenstiel, da griff es mit vermoderten Fingern nach ihr ...

Arbeitsblatt 5

Der Bund der Drei T/ als Theaterstück

Arbeitsanregungen

1. Arbeitet diese Textvorlage so zu einem „Regiebuch"/Theaterstück um, wie ihr es zu der Erzählung „Florenz Tschinglbell" gelernt habt.
2. Wenn ihr die in der Textvorlage angebotenen Bilder oder selbst gemalte Bilder – je nach Szene – auf eine Folie für den Tageslichtschreiber kopiert (farbige Bilder können eingescannt und auf Folie farbig ausgedruckt werden) und dann mit dem Projektor an die Wand werft, habt ihr schöne Hintergrundbilder!
3. In der Erzählung „Der Bund der Drei T" hat „Viktorias Schatten" eine ganz besondere Bedeutung. Deshalb geben wir euch zur Beleuchtung einen besonderen Tipp!

Beleuchtet in einem verdunkelten Zimmer eure Hand mit einer Kerze und seht euch das Schattenbild der Hand an der gegenüberliegenden Wand an. Bewegt die Hand hin und her. Beobachtung: Das Schattenbild wird besonders groß, wenn man die Hand nahe an die Kerze hält. Es wird immer kleiner, je weiter man die Hand von der Kerze wegrückt.

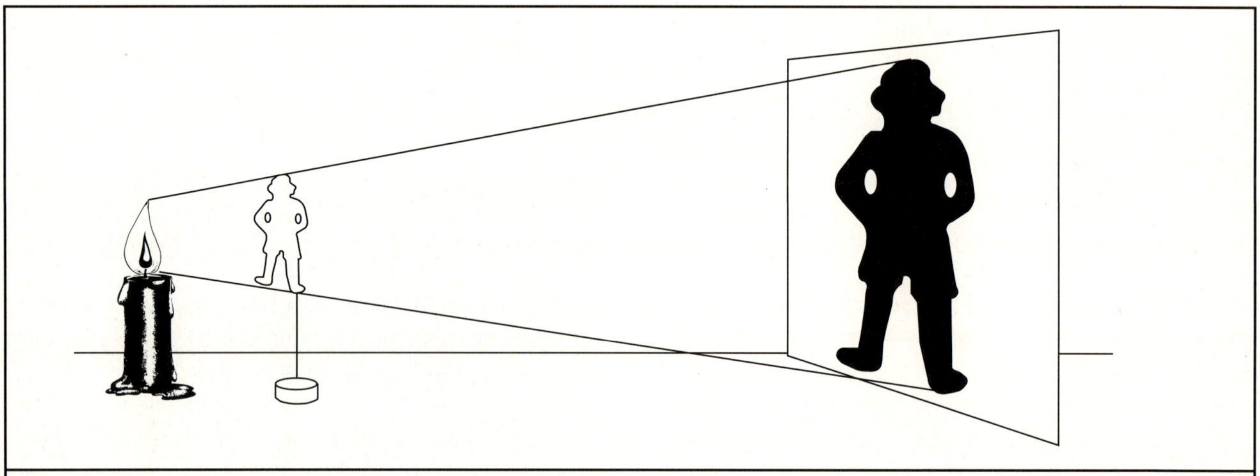

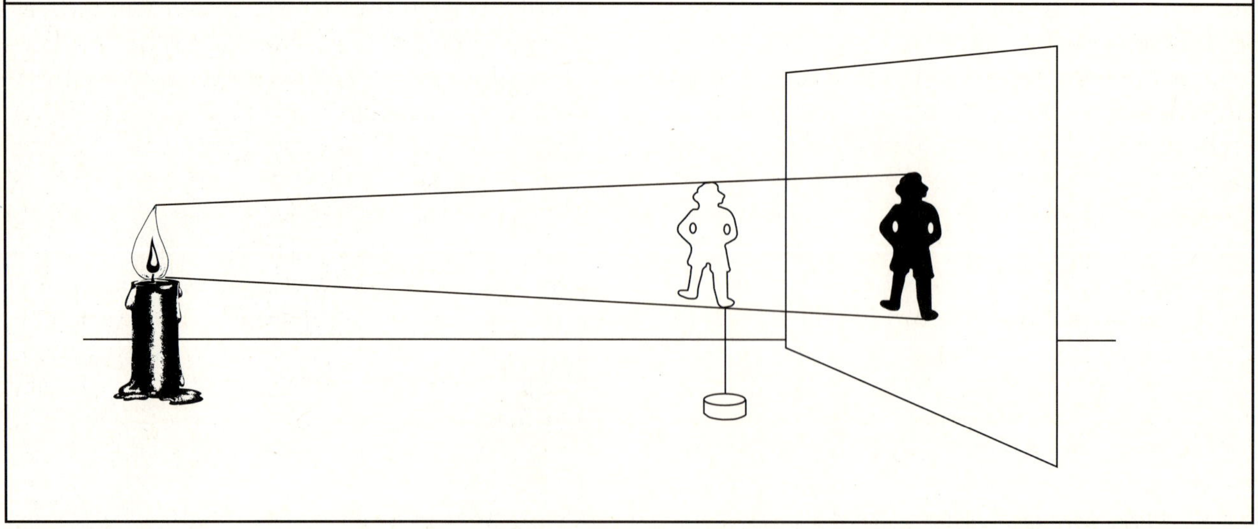

Das Schattenbild der Pappfigur ist groß, wenn sie sich nahe an der Lichtquelle befindet. Es ist klein, wenn sich die Figur weit von der Kerze entfernt. Wie klein kann es höchstens werden?

Das Bettelweib von Locarno/Text

Heinrich von Kleist

Das Bettelweib von Locarno

Am Fuße der Alpen, bei Locarno im oberen Italien, befand sich ein altes, einem Marchese gehöriges Schloss, das man jetzt, wenn man vom St. Gotthard kommt, in Schutt und Trümmern liegen sieht: ein Schloss mit hohen und weitläufigen Zimmern, in deren einem einst, auf Stroh, das man ihr unterschüttete, eine alte kranke Frau, die sich bettelnd vor der Tür eingefunden hatte, von der Hausfrau aus Mitleiden gebettet worden war. Der Marchese, der, bei der Rückkehr von der Jagd, zufällig in das Zimmer trat, wo er seine Büchse abzusetzen pflegte, befahl der Frau unwillig, aus dem Winkel, in welchem sie lag, aufzustehen und sich hinter den Ofen zu verfügen. Die Frau, da sie sich erhob, glitschte mit der Krücke auf dem glatten Boden aus und beschädigte sich, auf eine gefährliche Weise, das Kreuz; dergestalt, dass sie zwar noch mit unsäglicher Mühe aufstand und quer, wie es vorgeschrieben war, über das Zimmer ging, hinter den Ofen aber, unter Stöhnen und Ächzen, niedersank und verschied.

Mehrere Jahre nachher, da der Marchese, durch Krieg und Misswachs, in bedenkliche Vermögensumstände geraten war, fand sich ein florentinischer Ritter bei ihm ein, der das Schloss, seiner schönen Lage wegen, von ihm kaufen wollte. Der Marchese, dem viel an dem Handel gelegen war, gab seiner Frau auf, den Fremden in dem oben erwähnten, leer stehenden Zimmer, das sehr schön und prächtig eingerichtet war, unterzubringen. Aber wie betreten war das Ehepaar, als der Ritter mitten in der Nacht, verstört und bleich, zu ihnen herunter kam, hoch und teuer versichernd, dass es in dem Zimmer spuke, indem etwas, das dem Blick unsichtbar gewesen, mit einem Geräusch, als ob es auf Stroh gelegen, im Zimmerwinkel aufgestanden, mit vernehmlichen Schritten, langsam und gebrechlich, quer über das Zimmer gegangen und hinter dem Ofen, unter Stöhnen und Ächzen, niedergesunken war.

Der Marchese erschrocken, er wusste selbst nicht recht warum, lachte den Ritter mit erkünstelter Heiterkeit aus und sagte, er wolle sogleich aufstehen und die Nacht zu seiner Beruhigung mit ihm in dem Zimmer zubringen. Doch der Ritter bat um die Gefälligkeit, ihm zu erlauben, dass er auf einem Lehnstuhl in seinem Schlafzimmer übernachtete, und als der Morgen kam, ließ er anspannen, empfahl sich und reiste ab.

Dieser Vorfall, der außerordentliches Aufsehen machte, schreckte auf eine dem Marchese höchst unangenehme Weise mehrere Käufer ab; dergestalt, dass, da sich unter seinem eigenen Hausgesinde, befremdend und unbegreiflich, das Gerücht erhob, dass es in dem Zimmer, zur Mitternachtsstunde, umgehe, er, um es mit einem entscheidenden Verfahren niederzuschlagen, beschloss, die Sache in der nächsten Nacht selbst zu untersuchen. Demnach ließ er, beim Einbruch der Dämmerung, sein Bett in dem besagten Zimmer aufschlagen und erharrte, ohne zu schlafen, die Mitternacht. Aber wie erschüttert war er, als er in der Tat, mit dem Schlage der Geisterstunde, das unbegreifliche Geräusch wahrnahm; es war, als ob ein Mensch sich von Stroh, das unter ihm knisterte, erhob, quer über das Zimmer ging und hinter dem Ofen, unter Geseufz und Geröchel niedersank. Die Marquise, am andern Morgen, da er herunter kam, fragte ihn, wie die Untersuchung abgelaufen; und da er sich, mit scheuen und ungewissen Blicken, umsah, und, nachdem er die Tür verriegelt, versicherte, dass es mit dem Spuk seine Richtigkeit habe: So erschrak sie, wie sie in ihrem Leben nicht getan, und bat ihn, bevor er die Sache verlauten ließe, sie noch einmal, in ihrer Gesellschaft, einer kaltblütigen Prüfung zu unterwerfen. Sie hörten aber, samt einem treuen Bedienten, den sie mitgenommen hatten, in der Tat, in der nächsten Nacht, dasselbe unbegreifliche, gespensterartige Geräusch; und nur der dringende Wunsch, das Schloss, es koste was es wolle, loszuwerden, vermochte sie, das Entsetzen, das sie ergriff, in Gegenwart ihres Dieners zu unterdrücken, und dem Vorfall irgendeine gleichgültige und zufällige Ursache, die sich entdecken lassen müsse, unterzuschieben. Am Abend des dritten Tages, da beide, um der Sache auf den Grund zu kommen, mit Herzklopfen wieder die Treppe zu dem Fremdenzimmer bestiegen, fand sich zufällig der Haushund, den man von der Kette losgelassen hatte, vor der Tür desselben ein; dergestalt, dass beide, ohne sich bestimmt zu erklären, vielleicht in der unwillkürlichen Absicht, außer sich selbst noch etwas Drittes, Lebendiges, bei sich zu haben, den Hund mit sich in das Zimmer nahmen. Das Ehepaar, zwei Lichter auf dem Tisch, die Marquise unausgezogen, der Marchese Degen und Pistolen, die er aus dem Schrank genommen, neben sich, setzen sich, gegen elf Uhr, jeder auf sein Bett; und während sie sich mit Gesprächen, so gut sie vermögen, zu unterhalten suchen, legt sich der Hund, Kopf und Beine zusammengekauert, in der Mitte des Zimmers nieder und schläft ein. Drauf, in dem Augenblick der Mitternacht, lässt sich das entsetzliche Geräusch wieder hören; jemand, den kein Mensch mit Augen sehen kann, hebt sich, auf Krücken, im Zimmerwinkel empor; man hört das Stroh, das unter ihm rauscht; und mit dem ersten Schritt: tapp! tapp! erwacht der Hund, hebt sich plötzlich, die Ohren spitzend, vom Boden empor, und knurrend und bellend, grad als ob ein Mensch auf ihn eingeschritten käme, rückwärts gegen den Ofen weicht er aus. Bei diesem Anblick stürzt die Marquise, mit sträubenden Haaren, aus dem Zimmer; und während der Marquis, der den Degen ergriffen: wer da? ruft, und da ihm niemand antwortet, gleich einem Rasenden, nach allen Richtungen die Luft durchhaut, lässt sie anspannen, entschlossen, augenblicklich, nach der Stadt abzufahren. Aber ehe sie noch einige Sachen zusammengepackt und aus dem Tore herausgerasselt, sieht sie schon das Schloss ringsum in Flammen aufgehen. Der Marchese, von Entsetzen überreizt, hatte eine Kerze genommen, und dasselbe, überall mit Holz getäfelt wie es war, an allen vier Ecken, müde seines Lebens, angesteckt. Vergebens schickte sie Leute hinein, den Unglücklichen zu retten; er war auf die elendiglichste Weise bereits umgekommen, und noch jetzt liegen, von den Landleuten zusammengetragen, seine weißen Gebeine in dem Winkel des Zimmers, von welchem er das Bettelweib von Locarno hatte aufstehen heißen.

Arbeitsanregungen

1. Diese Textvorlage zu einem Theaterstück umzuschreiben ist im Vergleich zu den anderen Erzählungen etwas schwieriger:
   - Heinrich von Kleist lebte von 1777–1811; deshalb ist seine Sprache für uns etwas ungewöhnlich und nicht so leicht zu verstehen;
   - dieser Text enthält keine Dialoge; die Personen sprechen nicht direkt zueinander. Uns wird nur erzählt, was sie zueinander sagen oder gesagt haben (indirekte Rede). Das bedeutet, dass ihr alle Dialoge selbst schreiben müsst!

2. Hinweis zum Bühnenbild: Es ist sicherlich schwierig, z.B. ein brennendes Schloss als Kulisse auf die Bühne zu bringen; es ist aber viel einfacher, z.B. ein brennendes Schloss zu malen, dieses Bild einzuscannen, farbig auf einer Folie auszudrucken und dann mit Hilfe des Tageslichtschreibers als eindrucksvolles Hintergrundbild an die Wand zu werfen. Mit diesem Verfahren könnt ihr für jede Szene das Hintergrundbild leicht wechseln.

Gruselabend/Rahmenprogramm

Auf den nächsten Seiten findet ihr „Gruseliges" für ein Rahmenprogramm, mit dem ihr den Abend eröffnen, beschließen oder die Zeiten zwischen den Umbauten verkürzen könnt!

I. Mit Geräuschen unterlegte Erzählung

„Einsam stand das alte Haus am Rande des Moors. Es war Vollmond. Das fahle Licht ließ die langen Schatten der großen Pappel wie einen unheimlichen Riesen aussehen. Das Moor gab eigenartige Geräusche von sich. Es gluckste und blubberte ... Die Blätter der Pappeln säuselten dazu leise im Wind. Es war kurz vor Mitternacht ..."

Dies ist der **Anfang einer Gruselgeschichte.** Viele Einzelheiten rufen eine entsprechende Atmosphäre und Stimmung hervor. Schreibt die Geschichte zu Ende, legt sie eurem Musiklehrer/eurer Musiklehrerin vor und überlegt gemeinsam, mit welchen Geräuschen ihr euren Vortrag untermalen und noch schauriger gestalten könnt (z.B. Uhrenschläge, Kettengerassel, Windgeräusche = in Flaschenhälse pusten usw.; je nach Bedarf könnt ihr schon vorher bestimmte Geräusche auf Tonbandkassetten aufnehmen und an den entsprechenden Stellen einspielen)!

II. Vortrag eines Gedichtes (mit besonderer Betonung vortragen!)

Christian Morgenstern

Gruselett

Der Flügelflagel gaustert
durchs Wiruwaruholz,
der rote Fingur plaustert
und grausig gutzt der Golz

Josef Guggenmos

Das Geisterschloss

Schallend wiehernd
wie ein Ross
stampft Ritter
Rotbart
durch mein Schloss.
Graf Kunz
(schon immer
hundsgemein)
kann dagegen
alles sein.
Erst gestern
– still stand
mein Verstand –:
Der Pfannenstiel
war seine – Hand!
Irr flieh ich
(mit und ohne Grund)
vor Kugel,
Nudel,
Pudelhund ...
Auch geh ich nur,
muss ich einmal,
im Laufschritt durch
den Ahnensaal:
Graf Heinz
(einst Held im Felde)
spuckt aus dem Gemälde!
Wen treff ich heut
im Stiegenhaus?
Neun Särge.
Neun Fahrer
grinsen heraus.
„Exzellenz,
guten Tag!

Dass dich, du Schelm,
gleich der Donner er-
schlag!"
So grüßen sie mich,
und einer schreit: „Ha!
Tod dem Türkenhund
Kara Mustafa!"

Wer Nerven hat,
der schluckt es,
mein Schloss,
mein ganz verrucktes.
Hier spukt es,
aus allen Ecken
guckt es.

Ich schreibe zitternd,
gesträubt mein Haar:
Wer kauft mir mein Schloss
ab
samt Inventar?
Doch sage ich händerin-
gend:
Bitte, es ist dringend!

III. Vortrag einer Ballade

Diese Ballade könnt ihr auch gut zu einer Gruselgeschichte umschreiben, dazu anschauliche Hintergrundbilder malen und „Vertonungen“ vornehmen und dann vortragen. Aber auch der „gekonnte“ Vortrag einer Ballade kann sehr wirkungsvoll sein.

Annette von Droste-Hülshoff

Der Knabe im Moor

O schaurig ist's übers Moor zu gehn,
Wenn es wimmelt vom Heiderauche[1],
Sich wie Phantome[2] die Dünste drehn
und die Ranke häkelt am Strauche,
Unter jedem Tritte ein Quellchen springt,
Wenn aus der Spalte es zischt und singt,
O schaurig ist's übers Moor zu gehn,
Wenn das Röhricht[3] knistert im Hauche!

Fest hält die Fibel[4] das zitternde Kind
Und rennt, als ob man es jage;
Hohl über die Fläche sauset der Wind –
Was raschelt drüben am Hage[5]?
Das ist der gespenstische Gräberknecht,
Der dem Meister die besten Torfe verzecht,
Hu, hu, es bricht wie ein irres Rind!
Hinducket das Knäblein zage.

Vom Ufer starret Gestumpf hervor,
Unheimlich nicket die Föhre,
Der Knabe rennt, gespannt das Ohr,
Durch Riesenhalme wie Speere;
Und wie es rieselt und knittert darin!
Das ist die unselige Spinnerin,
Das ist die gebannte Spinnlenor',
Die den Haspel dreht im Geröhre!

Voran, voran! nur immer im Lauf,
Voran, als woll es ihn holen!
Vor seinem Fuße brodelt es auf,
Es pfeift ihm unter den Sohlen
Wie eine gespenstige Melodei;
Das ist der Geigemann ungetreu,
Das ist der diebische Fiedler Knauf,
Der den Hochzeitheller gestohlen!

Da birst das Moor, ein Seufzer geht
Hervor aus der klaffenden Höhle;
Weh, weh, da ruft die verdammte Margret:
„Ho, ho, meine arme Seele!“
Der Knabe springt wie ein wundes Reh;
Wär nicht Schutzengel in seiner Näh,
Seine bleichenden Knöchelchen fände spät
Ein Gräber im Moorgeschwele.

Da mählich gründet der Boden sich,
Und drüben, neben der Weide,
Die Lampe flimmert so heimatlich,
Der Knabe steht an der Scheide.
Tief atmet er auf, zum Moor zurück
Noch immer wirft er den scheuen Blick:
Ja, im Geröhre war's fürchterlich,
O schaurig war's in der Heide!

---

1 Rauch, der beim Abbrennen der Heideflächen entstand; es kam dabei auch oft zu Schwelbränden.
2 Trugbilder
3 Dickicht aus Schilfrohr
4 Lesebuch für die unteren Klassen
5 Hecke

Gruselabend/Rahmenprogramm

IV. Vortrag von Liedern

Übt die Lieder ein, vielleicht kann jemand von euch auch mit einem Instrument begleiten!

a) ... UND DIE UHR SCHLÄGT 12

2. Die Tür ist zu, der Saal ist voll,
die Geister tanzen Rock'n' Roll.
Da klappert das Gebiss, da klappert das Gebein ...

Erfindet noch weitere Strophen hinzu!

b) *Finster, finster*

Arbeitsblatt 8/1 für den Kunstunterricht

Gruselabend/Dekoration

Hier ein paar Dekorationsvorschläge für euren „Theaterabend"!!!

Karl Kopflos

Grusel-beleuchtung

Spinnweben

Karl Kopflos hat sich einen großen Mantel besorgt, die Schultern mit Kissen fest ausgepolstert und in dem Halsausschnitt ein rotes Tuch mit Sicherheitsnadeln befestigt. Dann hängt er sich den Mantel über den Kopf. Sein abgetrenntes Haupt trägt Karl unter dem Arm. Dafür hat er einen kleinen, alten Kissenbezug fest ausgestopft, ein gruseliges Gesicht auf den Bezug gemalt und dem Kopf eine Faschingsperücke aufgesetzt.

Von Orangen, Pampelmusen, Melonen oder Kürbissen wird eine Kappe abgeschnitten und das Fleisch aus der Frucht herausgelöst. Die Schale wird vorsichtig gespült und getrocknet. Dann schneidet man mit einem Messer Augen, Nase und einen gespenstischen Mund aus und stellt ein angezündetes Teelicht in den Gruselkopf.

Wo Gespenster ihr Unwesen treiben, gibt es auch jede Menge Spinnweben: z.B. in Zimmerecken, Türrahmen, ja sogar an den Gespenstern selbst. Zuerst werden mehrere schwarze Wollfäden so gespannt, dass sich die Fäden in einer Mitte treffen. Genau dort wird ein weiterer, langer Wollfaden eingeknotet und anschließend unter und über die Querfäden spiralförmig eingewebt. Zum Schluss wird eine dicke Gummispinne in die Spinnwebe gesetzt.

Arbeitsblatt

8/2 für den Kunstunterricht

Gruselabend/Dekoration

Gruselköpfe

Einige weiße Luftballons werden aufgeblasen und verknotet. Aus schwarzem Tonpapier schneidet man Augen, Nase und einen schaurigen Monstermund aus und klebt die Teile auf einen Ballon. Der Knoten des Ballons muss dabei nach oben zeigen. Die Monsterköpfe werden nebeneinander an eine gespannte Schnur gehängt und bilden so eine gruselige Girlande. Wer will, hängt zwischen die Gruselköpfe noch giftgrüne Luftschlangen, Gummispinnen und Pappknochen.

Flattergeist

Aus einem Bogen Zeitungspapier wird ein fester Ball geknüllt, der mit einem weißen Stoffrest eingehüllt wird, den man unter der Kugel mit einem Stück Schnur abbindet. Das gruselige Gesicht des Flattergeistes wird mit schwarzem Stift aufgemalt. Zum Spielen nimmt man den Flattergeist an der Schnur, wirbelt ihn ein paarmal über dem Kopf und lässt ihn dann mit Schwung davonflattern. Der Geist ist aber auch eine tolle Partydekoration.

Monsterhände

An die Fingerspitzen von dünnen Einweg-Plastikhandschuhen werden lange, krallenförmige Fingernägel geklebt. Am besten schneidet man sich solche Nägel aus schwarzem oder giftgrünem Lack- oder Tonpapier aus und befestigt sie mit Klebeband an den Handschuhen.

Gruselabend/Dekoration

MACH DOCH MAL DAS FENSTER AUF!

Sind die Schablonen angefertigt, werden ihre Umrisse mit Bleistift auf weißen bzw. schwarzen Tonkarton übertragen. Schneiden Sie die Teile aus, und kleben Sie das Gesicht sowie die Zähne auf den Totenkopf.
Schwarze Filzstiftlinien werden auf Zähne und Handknochen gemalt.

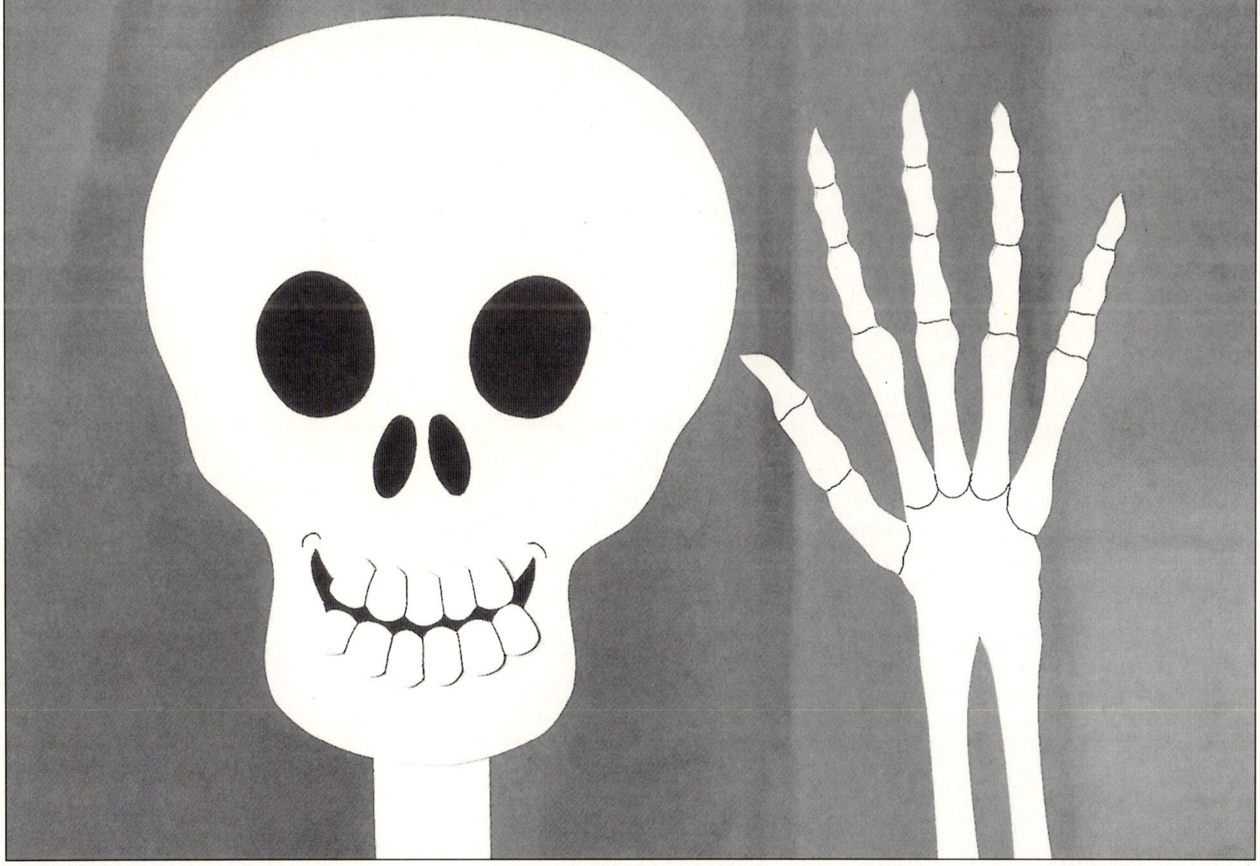

Diese „Gespensterköpfe“ könnt ihr ans Fenster kleben!

Arbeitsblatt 9/1

Gruselabend/Programmheft

So könnte z.B. das Deckblatt eures Programmheftes oder eures Programmzettels aussehen:

Liebe Eltern!
Am Donnerstag, den
19.06.,
ist in der „Pelle-Aula"
„Gruseltime"!
Wer sich fürchtet,
bleibt zu Hause.
Alle anderen treffen
sich um 18.01 Uhr
in der Aula!
Mit schaurigen Grüßen!
Ihre 6 B

Laura Kauther

Gruselabend/Programmheft

Vor der Erstellung des Programmheftes müsst ihr folgende Entscheidungen treffen:

1. Wollt ihr nur einen Überblick über die einzelnen Programmpunkte geben? Also: Was ist an dem Abend zu sehen? Wer ist in welcher Funktion (Rolle, Regie usw.) in welcher Weise beteiligt?
2. Wollt ihr etwas über die Entstehung der einzelnen Programmpunkte erzählen? Also: Wie ist der jeweilige Beitrag zustande gekommen? Welche Arbeiten waren notwendig? Welche Schwierigkeiten mussten überwunden werden? Was hat besonderen Spaß gemacht?
3. Wollt ihr eure Arbeit mit Fotos dokumentieren?
4. Wie soll die künstlerische Gestaltung aussehen (Zeichnungen/Collagen u.a.m.)?

Wenn ihr euch für Punkt 1. entscheidet, reicht ein Doppelzettel (DIN A4) aus, den ihr einmal faltet. Auf dem Deckblatt könnt ihr eine „schön schaurige" Zeichnung abdrucken (vielleicht die eurer Einladung) und im Innenteil listet ihr die einzelnen Beiträge mit den beteiligten Personen auf. Eure Arbeit kann relativ kurz vor dem Theaterabend beginnen.

Wollt ihr ein umfangreicheres Programmheft gestalten – wie z.B. in 2. und 3. vorgeschlagen –, müsst ihr sehr früh mit der Arbeit beginnen, denn alle Gruppen sollen ja zu Wort kommen und dazu müsst ihr dann eben Interviews durchführen. Oder ihr bittet ein Mitglied der jeweiligen Gruppe um einen eigenen Bericht. Das muss vorher abgesprochen sein! Auch die Entscheidung darüber, ob jemand aus der Gruppe evtl. selbst Fotos macht oder ob die „Programmheftgruppe" für die Fotos sorgen soll, erfordert eine Absprache!

Viel Spaß bei der Arbeit und großen Erfolg bei eurem Theaterabend!!!

Projekt: Wir und unsere Schule

(Jahrgangsstufe 5)

Lernzielbezug

Bei diesem Projekt bietet sich eine Zusammenarbeit mit dem Fach **Kunst** an; sprechen Sie sich ggf. vorher mit der Kunstlehrerin/dem Kunstlehrer ab.
Den unterschiedlichen Bereichen des Faches **Deutsch** kann folgendermaßen Rechnung getragen werden:

Umgang mit Texten
- **Texte** unterschiedlicher Art zu einem für die Altersstufe wichtigen Thema **erarbeiten** (z.B. am Beispiel gesammelter Texte einen interessanten Wirklichkeitsausschnitt thematisieren)
- **lesen/entwerfen/umarbeiten** szenischer und dramatischer Spieltexte
- einfache **Sachtexte** in ihrer Struktur, Intention und Wirkung **untersuchen und erproben** (z.B. Sachtexten Informationen entnehmen; verfassen und umformen einfach strukturierter Sachtexte)
- **Informationsquellen nutzen und mit Nachschlagewerken umgehen**
- Inhalte und Wirkungsweisen **medialer Texte untersuchen und mit ihnen experimentieren** (z.B. Texte in einfacher Form medial aufbereiten: bildliche Elemente als Ergänzung eigener Texte verwenden)

Schreiben
- über Ereignisse und Erfahrungen (adressatenbezogen) **berichten/erzählen** (z.B. in einem Brief)
- Lebewesen, Gegenstände, Räume, Vorgänge **beschreiben**
- aus Vorlagen **Entnommenes verwenden,** um etwas zu beschreiben
- persönlich Erlebtes, Erfahrenes, Erdachtes **erzählen**

Sprechen
- im Rahmen von Gesprächen eigene (fremde) Erlebnisse und Erfahrungen **erzählen**
- **Planungsgespräche führen** (das Vorhaben und die Ziele klären, Einfälle sammeln und ordnen, Vorgehensweisen verabreden)
- Informationsgespräche führen **(Auskünfte einholen, von Erfahrungen berichten)**
- in **Kommunikationsspielen** nach abgesprochenen Regeln kommunikative Fähigkeiten erproben und weiterentwickeln (z.B. sich vorstellen, jemanden um Rat fragen, ein Interview führen)

Reflexion über Sprache
- **verschiedene Realisierungsmöglichkeiten** eigener Äußerungsabsichten ausprobieren und deren kommunikativen Wert einschätzen
- **gliedern:** Aufbau und Gliederung von erzählenden, berichtenden, beschreibenden und argumentierenden Texten (Bestimmung der logischen Beziehungen zwischen einzelnen Aussagen)

Methodische Erfordernisse
- erzählen
- Informationen sammeln/informieren
- diskutieren
- ein Interview vorbereiten und führen
- einen Brief schreiben

Projektverlauf

1. Es wird vorgeschlagen, dieses Projekt gleich zu Beginn des Unterrichtes in der Jgst. 5 durchzuführen; denn die Projektarbeit bietet eine sehr gute Möglichkeit, einen ersten Eindruck vom Leistungsstand bzw. Arbeitsverhalten der Kinder zu erlangen. Es wird schnell deutlich, wie unterschiedlich eigenständig, sorgfältig und kreativ die Kinder arbeiten und über welche Kenntnisse und Fertigkeiten sie bereits verfügen. Und erfahrungsgemäß arbeiten die Kinder mit großem Interesse und Spaß daran, ihre neue „Lebenswelt" zu erforschen, sie zum Thema zu machen und die Ergebnisse in ihrem „individuellen Schulbuch" zu dokumentieren. Wenn Sie nicht selbst Klassenlehrer/Klassenlehrerin der Klasse sind, sollten Sie diesen/diese unbedingt vorher über die Inhalte und das Verfahren dieses Unterrichtsvorhabens informieren, um ggf. mit ihm/ihr zusammenzuarbeiten oder aber Aufgabenverteilungen abzusprechen. Auch die jeweiligen Fachlehrer sollten Bescheid wissen (siehe Themenblock 5)!
   In der **ersten Unterrichtsstunde** – vorzugsweise einer **Doppelstunde** – machen Sie die Kinder mit diesem Vorhaben vertraut. Sie werden sich zunächst sicherlich **erzählen lassen,** von welchen Grundschulen sie kommen, welche Kinder sich kennen, ob sie schon etwas von der neuen Schule wissen, warum sie sich gerade für diese Schule entschieden haben, was sich ihrer Meinung nach durch den Wechsel zum Gymnasium ändern wird, was sie sich für die nächste Zeit erhoffen, wovor sie vielleicht sogar etwas „Angst" haben, u. Ä. Nach diesem Gespräch schlagen Sie den Kindern vor, alles das, was sie nun Neues „erleben" und „erfahren", in einem eigenen „Schulbuch" zu sammeln und so „für alle Zeiten" festzuhalten.

2. Jedes Buch braucht ein **Inhaltsverzeichnis!** Was alles kann in unserem Schulbuch stehen? Sie erstellen zusammen mit den Kindern eine Stoffsammlung und ordnen nach bestimmten Gesichtspunkten, z.B.:
   - **Meine Erwartungen/Wünsche/„Ängste"/meine „Traumschule"**
   - **Unsere neue Schule:** Gründer/Gründerin; Namensgeber/Namensgeberin; Entstehungsjahr; die verschiedenen Schulleiter/Schulleiterinnen; Anzahl der Lehrer/Lehrerinnen, der Schüler/Schülerinnen im Laufe der Jahre; evtl. besonderes „Profil" der Schule; Partnerschulen – Schüleraustausch; wo finde ich was in unserer Schule?
   - **Unser Schulleiter/unsere Schulleiterin; unser Hausmeister; das Schulsekretariat**
   - **Unsere Klasse:** Anzahl der Mitschüler/Mitschülerinnen; wie viele Jungen, wie viele Mädchen?; woher kommen sie?; Anschriften; Hobbys/Interessen; „Steckbriefe"; Klassenämter; Klassenordnung
   - **Unsere Lehrer/Lehrerinnen und ihre Fächer:** wer unterrichtet was (in unserer Klasse)?; „Steckbriefe"; welche Fächer sind uns bekannt – welche sind neu?; was erwartet uns in den (neuen) Fächern?; welche AGs werden angeboten – von wem – wann – Voraussetzungen?
   - **Die Schülervertretung (SV):** Mitglieder; Aufgaben; aktuelle, konkrete Arbeit der SV
   - **Nach einem halben/einem Jahr: Haben sich die Erwartungen/Hoffnungen erfüllt? Was ist aus den „Ängsten" geworden?**

3. Jetzt beginnt die konkrete Arbeit für das „Schulbuch". Sie lesen gemeinsam mit den Schülerinnen und Schülern den an sie gerichteten Brief **„Liebe Schülerinnen und Schüler" (S. 6).** So haben Sie Gelegenheit, die weitere Vorgehensweise genau zu klären, für Nachfragen zur Verfügung zu stehen, die Gruppeneinteilung vorzunehmen und den Zeitrahmen festzulegen (Richtwert: ca. 3 Unterrichtswochen/12–15 Unterrichtsstunden). **Anschließend** soll ein **gemeinsamer Einstieg** (im Klassenverband) in die Bearbeitung der Arbeitsblätter erfolgen, und zwar anhand der **1. Aufgabenstellung** des ersten Themenblocks **„Erwartungen/Wünsche/Ängste".** So können Sie die Schülerinnen und Schüler mit den Arbeitsblättern vertraut machen und zeigen, dass das Zustandekommen und Aussehen „ihres Schulbuches" von den Ergebnissen ihrer eigenen Bearbeitung der einzelnen Arbeitsanregungen/Arbeitsvorschläge abhängt und geprägt ist. **Danach** können sich die Schülerinnen und Schüler mit Hilfe der ihnen zur Verfügung stehenden Arbeitsblätter allein/in Gruppen/zu zweit an die Arbeit machen, wobei sie selbst entscheiden, mit welchem „Kapitel" sie beginnen wollen. Der festgelegte Zeitrahmen zwingt die Schülerinnen und Schüler dazu, nun ihre Arbeit so zu organisieren, dass sie mit dieser Zeit „hinkommen"; dabei müssen sie auch entscheiden, welche Arbeit in der Schule erfolgen muss und was sie zu Hause „erledigen" können – eine Gelegenheit für die Schülerinnen und Schüler sich auch manchmal nachmittags zu treffen! **Lassen Sie sich regelmäßig berichten und auch zeigen,** wie weit im Einzelnen die Arbeit „gediehen" ist. Für das Einholen von Informationen mithilfe von Interviews (z.B. der Schulleiterin/des Schulleiters/im Sekretariat usw.) sollten Sie vorher die infrage kommenden Personen informiert bzw. eine zeitliche Koordination vorgenommen haben; möglicherweise können die Befragungsergebnisse einer Gruppe auch den anderen Klassenmitgliedern zur Verfügung gestellt werden; für die meisten Schülerinnen und Schüler ist jedoch das Erlebnis eines **selbst geführten Interviews** z.B. mit dem Schulleiter/der Schulleiterin sehr nachhaltig. Eine andere Möglichkeit wäre, die zu befragende Person in die Klasse einzuladen, um hier für die Beantwortung der Fragen zur Verfügung zu stehen. Doch für die Motivation ist das selbst geführte Interview „unschlagbar", zumal hierbei der wohl erste **ganz persönliche** Kontakt zur Schulleiterin/zum Schulleiter/zum Sekretariat/zum Hausmeister usw. hergestellt wird.

4. Die Schülerinnen und Schüler, die mit ihrer gesamten „Kapitelarbeit" fertig sind, also alle Buchseiten gestaltet haben, machen sich daran, die „Einbandseiten" zu entwerfen – das kann ggf. auch (zeitlich parallel) im Kunstunterricht erfolgen! Ein Inhaltsverzeichnis muss geschrieben und für den „Nachtrag" in einem/einem halben Jahr müssen leere Seiten eingeplant werden! Zu überlegen ist, ob die hergestellten „Schulbücher" nicht zukünftigen Fünftklässlern – z.B. an einem „Tag der offenen Tür" oder bei einer Aktion wie „Unsere Schule stellt sich vor!" – präsentiert werden!

Projekt:

„Theater" – Wer gruselt sich mit uns?

(Jahrgangsstufe 6)

Lernzielbezug

Dieses Projekt bietet sich für eine Zusammenarbeit mit den Fächern Kunst und Musik geradezu an.
Den unterschiedlichen Bereichen des Faches **Deutsch** kann folgendermaßen Rechnung getragen werden:

Umgang mit Texten
- Kürzere Erzähltexte verstehen, z.B. Texte **inhaltlich erfassen, sinnentsprechend lesen,** Handlungen und Figuren **kommentieren** u.a.m.
- **lesen/entwerfen/umarbeiten szenischer und dramatischer Spieltexte,** z.B. elementare Formen von Inszenierungen gemeinsam erproben; Texte im Vortrag und Spiel gestalten; **Textvorlagen in Spielszenen umsetzen**

Schreiben
- Erzählungen **dialogisieren** und für ein **Theaterstück aufbereiten** (Regieanweisungen)
- **Einladungen entwerfen** und damit für den **Besuch einer Veranstaltung „werben"**

Sprechen
- strittige Fragen **diskutieren** (in Gruppen- und Klassengesprächen Argumente äußern, sich auf Argumente anderer beziehen, Beispiele heranziehen, Ergebnisse festhalten)
- **Informationsgespräche führen** (Fragen sammeln, Auskünfte einholen, von Erfahrungen berichten)
- **Planungsgespräche** führen (das Vorhaben und die Ziele klären, Einfälle sammeln, ordnen, Vorgehensweisen verabreden)
- verschiedene **Sprechweisen und ihre Wirkungen** erproben (Artikulation, Dynamik, Klangfarbe, Rhythmus, Tempo)
- **gestaltendes Lesen** als Möglichkeit der Texterschließung erproben (z.B. verschiedene Texte flüssig, sinngerecht, auswendig vortragen)
- **Mimik, Gestik und Körpersprache** als Differenzierungsmittel beim gestaltenden Sprechen einsetzen lernen (z.B. Gefühle, Erfahrungen mit Menschen oder Gegenständen pantomimisch darstellen)

Reflexion über Sprache
- verschiedene Realisierungsmöglichkeiten eigener Äußerungsabsichten ausprobieren und deren kommunikativen Wert einschätzen
- von der sprachlichen Form einer Äußerung auf die mögliche Absicht ihres Verfassers schließen
- Aufbau und Gliederung von erzählenden Texten erkennen

Methodische Erfordernisse
- sinnentsprechendes Lesen
- Umarbeitung von Texten in „Regiebücher"
- Mimik, Gestik und Körpersprache zielgerichtet einsetzen
- u.a.m.

Projektverlauf

Vorbemerkung: Die hier dargestellte Arbeit bezieht sich weitgehend auf die Umarbeitung von Erzählungen zu „Regiebüchern“ und deren praktische Realisierung als Theaterstück. Übungen zum Atmen, zum Zusammenhang von Atem und Stimme, zur Artikulation, zur Pantomime, zum Zusammenspiel von Körperausdruck und Sprechausdruck usw. werden hier nicht angeboten; dazu Näheres in folgender Veröffentlichung:

EinFach Deutsch, Unterrichtsmodell: Szenisches Spiel in der Schule, Schöningh, Paderborn 1999

1. In einem ersten Schritt erfolgt die unterrichtliche Behandlung der Gruselgeschichte *Florenz Tschinglbell* von Christine Nöstlinger. Die Kinder können auf ihr in den vorherigen Jahrgangsstufen erworbenes Wissen zum „Erzählen“ wieder zurückgreifen und um typische Merkmale von Gruselgeschichten ergänzen.

2. In der sich anschließenden Unterrichtsphase lernen die Schülerinnen und Schüler, wie man **Erzählungen zu „Textbüchern“** umschreiben und ihnen **Angaben zum Bühnenbild/zu Requisiten/Kostümen** entnehmen kann. Das wird beispielhaft an der oben erwähnten Gruselgeschichte von Chr. Nöstlinger deutlich gemacht. Außerdem erfahren sie, dass für eine Aufführung noch andere Aspekte wie z. B. Musik, Beleuchtung usw. wichtig sind und vorher überlegt sein müssen.

3. In dieser Phase sollen die Kinder die Beiträge für den „Gruselabend“ erstellen: Den einzelnen Beiträgen entsprechend müssen Gruppen gebildet werden, die verantwortlich für den jeweiligen Beitrag am „Gruselabend“ sind.

- Sie können zunächst das Gelernte selbstständig anwenden und **„Textbücher“** verfassen. Dazu werden zwei weitere Erzählungen angeboten: Ogden Nash, *Der Bund der Drei T,* und Heinrich von Kleist, *Das Bettelweib von Locarno.* Vielleicht haben die Kinder selbst auch Grusel- oder Spukgeschichten zur Hand, die sie für eine Darbietung aufbereiten wollen. Dabei sollte darauf geachtet werden, dass im Hinblick auf Bühnenbild, Requisiten usw. keine „außergewöhnlichen“ Anforderungen zu erfüllen sind, damit nicht wegen evtl. „unüberwindlicher Schwierigkeiten“ die Aufführung selbst in Gefahr gerät.
- Als zusätzliche Möglichkeit kann im Unterricht der **Anfang einer Spukgeschichte** vorgegeben werden und die Kinder schreiben diese Geschichte zu Ende. Sie könnte an dem Theaterabend dann z. B. sehr wirkungsvoll vorgelesen und mit im Musikunterricht entwickelten „Geräuschen“ untermalt werden.
- Eine weitere Gruppe kann sich auf ein **„Rahmenprogramm“** spezialisieren: Gedichte, Songs oder anderes „Gruseliges“ präsentieren, z.B. zu Beginn der Veranstaltung, während der Umbauten und zum Schluss. Auch für dieses Rahmenprogramm wird Material angeboten. Die Lieder werden wohl am besten zunächst im Musikunterricht mit der gesamten Klasse einstudiert und sie sollten auch an dem Aufführungsabend selbst von allen Klassenmitgliedern vorgetragen werden, die nicht gerade mit Umbauten oder Sonstigem beschäftigt sind.

- Einer anderen Gruppe fällt aber noch eine weitere, sehr wichtige Aufgabe zu: Sie muss einen exakten **Zeitplan für den Ablauf des Abends** aufstellen. Darum muss sie ständig mit den anderen Gruppen im Gespräch sein: Wie lange dauern die jeweiligen Beiträge? Wie lange brauchen sie für Umbauten?
- Eine Gruppe muss sich um die **Gestaltung des Programmheftes** kümmern. Auch dazu erfolgen Hinweise!
- Zusätzlich erfolgen „Bastelangebote" zur atmosphärischen Einstimmung in den Abend: **Dekoration** für den Aufführungsraum u.a.m. Vielleicht können die Kinder im Kunstunterricht diese Vorschläge unter Anleitung der Kunstlehrerin bzw. des Kunstlehrers umsetzen. Möglicherweise müssen hier auch Kulissen erstellt werden.

Textquellenverzeichnis

S. 10: Franz Bauer, Die Schule im Schlaraffenland, aus: Caspers u.a. (Hg.), Begegnungen, Band 1, Schroedel Verlag GmbH, Hannover 1966

S. 28ff.: Christine Nöstlinger, Florenz Tschinglbell, aus: Käthe Recheis (Hg.), Die Uhr schlägt Mitternacht, dtv junior 7424, Deutscher Taschenbuch Verlag, München 1982, S. 20–26; © 1976 HOCH-Verlag, Düsseldorf (vergriffen)

S. 38ff.: Ogden Nash, Der Bund der Drei T, übers. von Käthe Recheis, entnommen der Sammlung 4. Armada Ghost Book, W. Collins Son & Co, Ltd. London; zit. nach: Käthe Recheis (Hg.), Die Uhr schlägt Mitternacht, dtv junior 7424, Deutscher Taschenbuch Verlag, München 1982, S. 8–13; © 1976 HOCH-Verlag, Düsseldorf

S. 42f.: Heinrich von Kleist, Das Bettelweib von Locarno, aus: Sämtliche Werke und Briefe, hg. von Helmut Sembdner, Hanser Verlag, München 1981

S. 44: Christian Morgenstern, Gruselett, aus: Käthe Recheis (Hg.), Die Uhr schlägt Mitternacht, dtv junior 7424, Deutscher Taschenbuch Verlag, München 1982, S. 7; © 1976 HOCH-Verlag, Düsseldorf;
Josef Guggenmos, Das Geisterschloss, aus: Das Geisterschloss, hg. von Uwe Wandrey, Rowohlt Taschenbuchverlag

S. 45: Annette von Droste-Hülshoff, Der Knabe im Moor, aus: Sämtliche Werke, hg. von Clemens Heselhaus, Hanser Verlag, München 1952

S. 48f.: Almuth Bartl, 50 Spiel- und Bastelkarten für die Gespensterparty, ars edition, München 1996.

Bildquellenverzeichnis

S. 25: Gerhard Sander, Paderborn (vier Fotos); **S. 26, 27, 30 und 39:** Alfred Schüssler, in: Käthe Recheis (Hg.), Die Uhr schlägt Mitternacht, dtv junior 7424, Deutscher Taschenbuch Verlag, München 1982, S. 94, 25, 12 – © 1976 HOCH-Verlag, Düsseldorf (vergriffen); **S. 45:** aus: Werner Pütz/Rainer Schmitt, Hauptsache Musik 5/6, Ernst Klett Verlag, Stuttgart 1996, S. 58; **S. 46:** aus Hans-Peter Banholzer u.a., 333 Lieder, Ernst Klett Verlag, Stuttgart 1996, S. 85; **S. 47, 48:** Almuth Bartl, 50 Spiel- und Bastelkarten für die Gespensterparty, © 1996 ars edition, München; **S. 49:** © frechverlag, Stuttgart 1998 – entnommen aus TOPP 2366 Happy Halloween/Armin Täubner; **weitere:** von den Verfassern angefertigt bzw. bereitgestellt (Schülerarbeiten)